百科通识文库

49

解码畅销小说

约翰·萨瑟兰 著

苏耕欣 译

外语教学与研究出版社

北京

京权图字：01-2006-6866

图书在版编目（CIP）数据

解码畅销小说 /（英）萨瑟兰（Sutherland, J.）著；苏耕欣译. — 北京：外语教学与研究出版社，2015.8
（百科通识文库）
ISBN 978-7-5135-6519-6

Ⅰ. ①解… Ⅱ. ①萨… ②苏… Ⅲ. ①小说研究－世界－现代 Ⅳ. ①I106.4

中国版本图书馆CIP数据核字（2015）第198806号

出 版 人　蔡剑峰
项目策划　姚　虹
责任编辑　夏　天
封面设计　泽　丹
版式设计　锋　尚
出版发行　外语教学与研究出版社
社　　址　北京市西三环北路19号（100089）
网　　址　http://www.fltrp.com
印　　刷　中国农业出版社印刷厂
开　　本　889×1194　1/32
印　　张　7
版　　次　2015年9月第1版　2015年9月第1次印刷
书　　号　ISBN 978-7-5135-6519-6
定　　价　20.00元

购书咨询：（010）88819929　电子邮箱：club@fltrp.com
外研书店：http://www.fltrpstore.com
凡印刷、装订质量问题，请联系我社印制部
联系电话：（010）61207896　电子邮箱：zhijian@fltrp.com
凡侵权、盗版书籍线索，请联系我社法律事务部
举报电话：（010）88817519　电子邮箱：banquan@fltrp.com
法律顾问：立方律师事务所　刘旭东律师
　　　　　中咨律师事务所　殷　斌律师
物料号：265190001

百科通识文库书目

历史系列：

美国简史
探秘古埃及
古代战争简史
罗马帝国简史
揭秘北欧海盗
日不落帝国兴衰史——盎格鲁－撒克逊时期
日不落帝国兴衰史——中世纪英国
日不落帝国兴衰史——十八世纪英国
日不落帝国兴衰史——十九世纪英国
日不落帝国兴衰史——二十世纪英国

艺术文化系列：

建筑与文化
走近艺术史
走近当代艺术
走近现代艺术
走近世界音乐
神话密钥
埃及神话
文艺复兴简史
文艺复兴时期的艺术
解码畅销小说

自然科学与心理学系列：

破解意识之谜
密码术的奥秘
恐龙探秘
情感密码
全球灾变与世界末日
简析荣格
人类进化简史
认识宇宙学
达尔文与进化论
梦的新解
弗洛伊德与精神分析
时间简史
浅论精神病学
走出黑暗——人类史前史探秘

政治、哲学与宗教系列：

动物权利
释迦牟尼：从王子到佛陀
死海古卷概说
存在主义简论
《旧约》入门
解读柏拉图
读懂莎士比亚
世界贸易组织概览
《圣经》纵览
解读欧陆哲学
欧盟概览
女权主义简史
《新约》入门
解读后现代主义
解读苏格拉底

目录

图目

事实上，我们找不到证据或理由足以表明莎士比亚或其他任何作家是“优秀”作家；也无法确证沃里克·迪平之流乃“劣等”作家。检验文学价值的最终标准是作品之流传状况而非他物，而流传本身就是多数人意见的某种标志。

——乔治·奥威尔，《李尔王、托尔斯泰和弄臣》

第一章

畅销书的定义

前言

人们为什么要去阅读——不管认真程度如何——那些并不算“好”（有时是一无是处）的、文学世界中的迪平[1]们涂抹而就的畅销书呢？这些书难道不正是德语中充满鄙夷不屑意味的那个词 *Wegwerfliteratur* 所指的“阅后即弃的垃圾文学”吗？文学史家们都坚决地弃之如敝屣，我们为何还要将其挑拣来研究品评？

任何一个研究畅销书的人都会同星巴克咖啡馆里专喝脱咖啡因咖啡、脱脂牛奶咖啡的顾客一样遇到同一个问题：“这又何必呢？”一个理由——也是最显而易见的理由——是它们（即这些畅销书）都具有与众不同的诱人魅

1 沃里克·迪平（Warwick Deeping，1877—1950），英国小说家，20 世纪二三十年代因出版大量畅销小说而闻名欧美。——译注，下同

力。与历史上其他稍纵即逝的事物一样，畅销书（甚至包括奥威尔[1]不屑一顾的那个迪平所写的小说）有一种悦人的古旧感。人们现在哪里还能读到这样的句子——“我说，老爸，你真够朋友”（迪平的《索雷尔父子》中“儿子”在得到一张10镑钞票作为“奖赏”后如是对“索雷尔”说）。但畅销作品的生命力很短，一旦读完，即成明日黄花，被人遗忘。

回顾以往的畅销书单，人们会发现不少令人喜爱的、属于文化异类的作品。由格特鲁德·阿瑟顿[2]创作的、1923年美国销量第一的《黑牛》即为其中一例。要知道，那一年口味挑剔的读者们还有詹姆斯·乔伊斯的《尤利西斯》[3]、T. S. 艾略特的《荒原》[4]以及D. H. 劳伦斯的《亚伦的藜杖》[5]等重磅作品可以选择。

1 乔治·奥威尔（George Orwell，1903—1950），英国小说家、新闻记者，代表作有《一九八四》、《动物农场》等。

2 格特鲁德·阿瑟顿（Gertrude Atherton，1857—1948），美国女作家，《黑牛》是其最著名的流行畅销小说。

3 詹姆斯·乔伊斯（James Joyce，1882—1941），爱尔兰现代主义小说家，以“意识流”手法及艰涩难懂的语言著称，《尤利西斯》是其代表作。本译文中部分作家和电影导演的注释出自《英汉大词典》相关条目，译者酌情稍作增删。

4 T. S. 艾略特（T. S. Eliot，1888—1965），英国现代主义作家、诗人、剧作家和文学评论家，长诗《荒原》是其代表作。

5 D. H. 劳伦斯（D. H. Lawence，1885—1930），英国小说家、诗人和批评家。

阿瑟顿的书名借用了 W. B. 叶芝作品中的词句（“岁月如同黑牛踩踏着世界”）[1]。这样的借用表明作者在文学方面颇有点儿自命不凡，而且是毫无资本的自命不凡。不过，这本书的“返老还童”主题在那个年代还算符合潮流，也够吸引眼球，当然，这个“返老还童”指的是人，而不是牛。

故事从纽约的一个剧院开始。年轻有为的报人李·克拉弗林（该市“400 个最杰出精英家庭”的成员）为观众中一位美貌女子所吸引。通过调查，他发现这个女子同 30 年前一位名叫玛丽·奥格登的“美女”相貌特征完全一致。奥格登小姐嫁给一位匈牙利外交官扎蒂亚尼伯爵后，遂人间蒸发，致使谣言四起。后来真相终于浮出水面：奥格登／扎蒂亚尼在维也纳接受了施泰纳赫医生新发明的 X 射线疗法治疗，自此返老还童。因为女人在更年期如果卵巢接受大量射线照射，自身的衰老过程将会逆转。

有关这一神奇过程的消息见诸报端后，“内战一触即

1 叶芝的剧作《伯爵夫人凯思琳》中的句子。W. B. 叶芝（W. B. Yeats，1865—1939），爱尔兰诗人、剧作家。

发”。运气不佳的克拉弗林发现自己爱上了一个年龄与自己母亲相仿的女人。与此同时，年龄足以做他的女儿的珍妮特·奥格尔索普又无可救药地爱上了他，而这个涉世未深的叛逆少女嗜饮私酿劣酒，还去参加年轻男女的“爱抚聚会”。故事情节由此变得极其错综复杂。

实际上这都是子虚乌有的胡扯——就跟在医学上施泰纳赫的X射线疗法奇迹也是胡扯一样。1922年，阿瑟顿自己曾接受过这位维也纳医生的“返老还童”治疗。从那些公开的照片来看，治疗对她所起的美容作用微乎其微。然而，虽然《黑牛》可能只是一部胡编乱造和宣扬伪科学的作品，它却的确与其所处的时代紧密相关，而不属于其他时期。

阿瑟顿的小说在今天的读者看来可能显得荒唐无比，但此书反映并表现了那个时代人们对于妇女自由的焦虑，其准确与贴切不亚于《布丽奇特·琼斯的日记》[1]之于20世纪90年代。20世纪20年代是“随意女郎”——永远年轻的少女/少妇们的时代。经过多年斗争，英国妇女

1 英国女小说家海伦·菲尔丁（Helen Fielding，1958—）于1996年出版的畅销小说，1999年又出版了续集《布丽奇特·琼斯：理智的边缘》。

终于在这个年代获得了投票权，但条件是她们必须年满30岁。据信，妇女过了这一巅峰年龄后，头脑将变得足够冷静，可以作出理性的政治决定。而1923年出版的另一部小说、斯科特·菲茨杰拉德[1]的《漂亮的冤家》，则更为正面地记录了对于放浪形骸的狂热青春的崇拜——那种"宁死拒老"的追求。这本书也上了畅销书单，但远没有阿瑟顿的小说引人注目：此时的菲茨杰拉德正进行着一场漫长的文学长跑。

《黑牛》这部1923年名列榜首的畅销小说与其时代有着千丝万缕的联系。或许，这本书可以在15年后面世(如奥尔德斯·赫胥黎关于"长生不老药"的小说——《多个夏天以后》[2])，但一旦脱离其原本的时空框架，《黑牛》便如无水之鱼，难以"施展拳脚"。在其他时代，这部小说也不会成为"时代之书"。是时代成就了这本书，正如当时发生的各类事件制造了1923年报纸的新闻标题一般。

1 斯科特·菲茨杰拉德（Scott Fitzgerald，1896—1940），美国作家，以描写"爵士乐时代"著称。

2 奥尔德斯·赫胥黎（Aldous Huxley，1894—1963），英国作家，著名的赫胥黎家族的杰出成员之一。《多个夏天以后》是其在1939年出版的一部小说，书名借用了英国诗人丁尼生的诗句"After many a summer dies the swan"。

这种与时代紧密相关的性质与畅销作品的短时性是密不可分的。一部占据销售榜榜首的小说可以算是一次成功的文学实验——它会像照相机闪光灯的闪烁一般转瞬即逝，同时也能够生动地定格某个历史时刻。如果（我们套用柯勒律治的话来说）人们看到海鸥乔纳森·利文斯顿[1]（“为耶稣而痴狂”[2]）在阿拉伯漫游，他们会大叫：“70年代嬉皮士”（或许还会加上一句：“哥们儿！”）。如果“斗牛狗”德拉蒙德[3]穿戴整齐，摇摇晃晃地闯入你的客厅，而他的“男仆”丹尼带着大酒杯、收起的雨伞和手枪紧随其后，你肯定会以为是20世纪20年代早期俱乐部区的暴徒穿越时空旅行而至。

伟大的文学作品，正如琼森[4]评价莎士比亚时所说的，“不属于一个时代，而属于一切时代”。而畅销小说中的最畅销者恰恰与此评价相反：它们只是一个时代的快像。

---

1 海鸥乔纳森·利文斯顿是理查德·巴赫（Richard Bach，1936—）的同名童话小说中的主人公。

2 原文为 Jesus tripping，tripping 指吸毒后的巅狂状态。

3 “斗牛狗”德拉蒙德：英国小说家萨珀（即 H. C. 麦克尼尔：H. C. McNeile，1888—1937）系列小说中的人物，是一名出身上流社会的富有退伍军人，相貌平平但勇武过人，具有斗牛狗的勇敢、忠诚等品质。

4 本·琼森（Ben Jonson，1572—1637），英国剧作家和诗人，莎士比亚的朋友。

一本美国式的书

在书籍逐渐商品化的过程中，从报纸连载小说、一角钱小说，一直到廉价通俗杂志、面向大众的纸皮书和网络书店的出现，当然，还有畅销小说及其生产发行体系，每一次的发展进步都是由美国牵头发明和完善的。

美国社会特别适合通俗小说产业的发展，而这一产业最具活力的代表即为畅销小说。美国是个民主社会，建国之时适逢小说兴起。新国家的创立者们在其革命宣言中确立了公民言论自由以及追求幸福的神圣权利。畅销小说的目标即在向民众提供这些好东西。

美国与欧洲不同，不存在国家控制文学或其生产者的传统。在美国自由宽松的文学氛围中，通过特权或垄断进行商业控制之事闻所未闻。除了 1915 年曾经有过短暂的管制外，美国从未实行过任何零售价格管控制度。英国倒有个《净价图书协议》（根据美国反托拉斯法的规定应被视作非法），这个协议从 19 世纪 90 年代开始推行，20 世纪 90 年代取消，旨在遏制“低价销售”或竞争性定价行为。“由他去吧”从来都是美国商业社会奉行的金科玉律。

美国拥有（通常也是由其发明了）世界上最先进的印刷、交通和通信技术。最重要的一点在于，美国图书业从其 19 世纪形成阶段到 1891 年 4 月，一直没有受到过国际版权协议的约束，书商们得以肆无忌惮地剽窃欧洲——主要是英国——成熟的文学作品。

在最初的 100 年里，美国图书业树起的是剽窃他国作品的海盗旗，而在此期间要数英国文学作品遭受到的侵害最为严重与广泛。其后果一目了然。F. L. 莫特就此写过一篇专题文章——《美国畅销书综述》。书中他以每 10 年为一个时间段，计算出某本书“在出版时所处年代的总销售量相对于美国本土总人口百分之一的比例”。通过这一精细计算方法，莫特列出了 1776 年至 1900 年 124 本最畅销的“美国”小说。在这些书中有 74 本其实是英国小说，15 本来自欧洲大陆（主要是法国），只有 55 本是真正的本土作品。

案例研究：《哈克贝利·费恩》

欧内斯特·海明威[1]曾经发表高论道：“所有美国现

1 欧内斯特·海明威（Ernest Hemingway，1899—1961），美国小说家，1954 年获诺贝尔文学奖。

代文学都来自马克・吐温[1]的一本书，此书名为《哈克贝利・费恩》。”然而，我们或许还要加上一句，抛开其表面上极具本土特色的语言不论（其美国色彩同派克县[2]一样浓厚），马克・吐温的这部长热不衰的小说有很大一部分内容源自盗版的外国作品。小说的叙述就与非美国通俗小说存在诸多联系。

例如，当汤姆打算用一个荒唐的方法把他的倒霉仆人吉姆从萨莉大婶囚禁他的小屋中解救出来时，这个捣蛋鬼不用说正是引用了《基度山伯爵》[3]中的故事对将信将疑（明显所受教育较少）的哈克作了一番解释：

“蠢不蠢，这无关紧要，这是**正经**的办法——这是按规矩办事……瞧瞧人家吧，有一个关在马赛港第夫堡底层地牢里的囚徒，就是这样挖了地道逃出来的：你猜**他**挖了多长时间？”

---

1 马克・吐温（Mark Twain，1835—1910），美国幽默小说家，《哈克贝利・费恩》（全名为《哈克贝利・费恩历险记》）为其代表作。

2 指当时美国密苏里州的一个县，据称马克・吐温的小说语言就是采用该县的方言。

3 下文提到的法国作家大仲马（Alexandre Dumas，1802—1870）所著经典冒险小说。

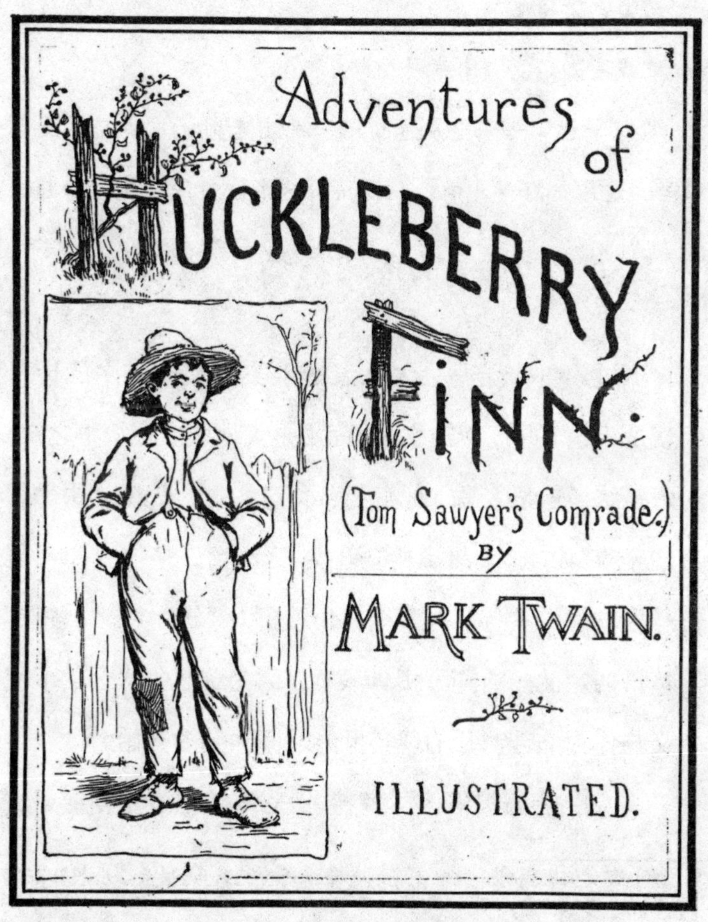

图 1《哈克贝利・费恩》1884 年初版，插图作者为 E.W. 肯布尔

“我不知道。”

“嗯，猜猜看。”

“我不知道。一个半月？”

“三十七年——他从地道那一头出来时，发现自己到了中国。这才是好样儿的。我巴不得这个城堡底下是硬邦邦的石头。”[1]

不过，贯穿于马克·吐温的现实主义创作中的传奇因素是“北方的那个奇才”[2]，而不是大仲马。在故事之初，汤姆集结了一帮人马，他身上背负着《湖上夫人》[3]中燃烧着的十字架（这个故事恰巧也为三 K 党许多仪式和象征符号提供了借鉴[4]）。故事里有一艘名为“沃尔特·司各特”的蒸汽船。此船的翻没颇具深意，因为这是主人公的浪漫主义与作为痛苦渊薮的现实世界之间冲突的开始。

马克·吐温相信，司各特 ——该世纪遭受剽窃最严

---

1 以上译文摘自成时译《哈克贝利·费恩历险记》，人民文学出版社 1989 年版，第 245 页。

2 指英国浪漫主义小说家沃尔特·司各特（Walter Scott，1771—1832），司各特是苏格兰人，而苏格兰位于英国北部，故得此绰号。

3 指沃尔特·司各特的叙事长诗，诗中有传递燃烧十字架的情节。

4 三 K 党是美国奉行白人至上的种族主义组织，焚烧十字架通常是他们进行种族迫害和实施暴力行动的前奏。

重的作家——毒害了美国人的灵魂，对于内战负有责任。不过，要说签署国际版权法可能使国家避免那场有史以来最为血腥的战争，即便对于马克·吐温本人而言，也是一个古怪的推论。

美国理想的销售环境

由于不必自己创作畅销小说，美国图书业把精力转向销售方面，而它所面对的销售对象是一个在社会各个层次上受教育水平普遍比英国高、对于图书更加渴望的群体。这是一个极为理想的销售环境，它能够催生也确实催生了新的销售技巧。

英国的图书业相对来说经济基础较小，（伦敦）文学界的构成更加简单自然，其读者群更小（岛国大小），因此更利于原创。同时，由于图书商品的初始成本很高，英国图书业界组成行业联盟以维持高昂的小说销售价格。19世纪，在英国购买一本新上市小说的费用比以前或以后任何一个时期都要高。例如，汉弗莱·沃德夫人[1]那套印有

1 汉弗莱·沃德夫人（Mrs Humphry Ward，1851—1920），英国小说家，代表作包括《罗伯特·埃尔斯梅尔》、《埃莉诺》等。

史密斯–艾尔德出版公司[1]标识的三卷本小说《罗伯特·埃尔斯梅尔》(第一版),在1883年的价格是一个半几尼(以今天的货币价值算,差不多有100英镑)。这当然是假设在那个年代有如此阔绰或疯狂的人能够去花这么大一笔钱买书。(一个维多利亚时代的笑话说,那时的确有一个人一次买了一套三卷本——但谁也记不起来这个家伙的名字了,见鬼。)

那些如饥似渴地读完沃德夫人的小说并同其主人公一起经历宗教怀疑之痛的众多英国读者,是从流通图书馆借读此书的(一般是一次一卷)。这种短期"租借"图书的方式大大降低了购买图书的巨额开支。出版商和中间商借此获得了利润(6个月之内售出3,500套三卷本《罗伯特·埃尔斯梅尔》);同时,由于人们纷纷涌向图书馆借阅,大大增加了对图书的需求,书商们可以等上一年半载,到便宜的(不过,6先令也算不上绝对低廉)再版书上市后进货(廉价版本共售出60,000册)。这是个皆大欢喜的局面,没有打乱任何人的计划。阅读物静静地流向读者,巨额现金又静静地流回去,获得的利润又进了图书馆、书商

1 英国19世纪的著名出版公司。

和出版商的腰包（在此利益链的末端，图书作者们也不无收获）。

与此同时，《罗伯特·埃尔斯梅尔》在皮卡迪利大街[1]的哈查兹书店上架几个星期后，这本书在纽约百老汇大街的任何一家店铺都能以 25 美分的价钱买到。据估计，那一年这本书在美国共售出 10 万册，3 年内卖出了接近 100 万册，而价格只不过是其在英国售价的零头而已。美国的图书文化是购书文化，而非借书文化，也因此更为纷杂。由于毫无约束，市场供求关系使书价一路下滑。在经济处于最低谷的时候，这位虔诚的英国女士的这本极度虔诚的小说是免费赠送的，而且还搭上几块肥皂——理由大概是，洁净之重要仅次于神圣。沃德夫人的小说在美国售出了几十万册，但她本人却连一个掺假的铜板都没拿到。

美国最终于 1891 年极不情愿地签署了国际版权法，至此，对英国“季节性作物”无所顾忌的剽窃方告终结。汉弗莱·沃德夫人是首批获益者之一，美国为其在 1894 年出版的小说《戴维·格里夫》预付了巨额稿酬（7000 英镑）。然而，旧有的惯例还是很难改变的。对于消费者

1 英国伦敦西区的一条著名商业街。

而言，美国销售的图书比起英国仍然便宜不少。沃德夫人 1894 年出版的这部畅销书在英国作为新书发售时标价 31 至 36 便士，而此书在美国的价格仅为 1 美元（为英国价格的八分之一）。作为 1891 年《蔡斯法案》[1] 之前那个时代的历史遗留物，这样的价差到今天也依然存在。一本精装畅销小说在美国仍然能以比在英国稍微便宜的价格买到手。

这个时期还留下了其他一些历史问题。美国图书业在这段时期未作耕耘却大获丰收，特别是在英国图书的“收成”上。就英美两国之间的“关系”而言，没有哪个领域比通俗小说这一领域更为“特殊”。历史上有一些民族在美国人口中所占比重不小，但只要比较英国人在美国人口构成中相对于那些民族的绝对优势就能看出这种关系。例如，尽管美国有大量德国移民，这些人口在 20 世纪早期对于美国文化产生了较深的影响，但只有一部德国小说曾经令人艳羡地登上了美国畅销书排行榜的榜首位置，这部小说就是埃里克·马里亚·雷马克 [2] 的《西线无战事》

1 美国的第一部国际版权法。

2 埃里克·马里亚·雷马克（Erich Maria Remarque，1898—1970），德国小说家，《西线无战事》和《凯旋门》是其代表作。

（1929）。二战以后，雷马克另一部与《西线无战事》主题类似的反战小说（在德国被认为也是反德小说）《凯旋门》于 1946 年进入了畅销书排行榜的前 10 名。有几本译自德语的小说也上过排行榜，如里昂·孚希特万格[1]的《犹太人聚斯》（1926）、维基·鲍姆[2]的《大饭店》（1931）、汉斯·法拉达[3]的《小人物，怎么样？》（1934）、弗朗茨·魏菲尔[4]的《穆萨山的四十天》（1936）和他的“卢尔德故事”《贝尔纳黛特之歌》（1941）。帕特里克·聚斯金德[5]的《香水》（1986）是最后一部占据美国畅销书榜前 10 名显著位置的德语小说。

“伊萨克·迪内森”（即卡伦·布利克森）[6]凭借其《七个哥特故事》1935 年进入排行榜前 10 名。同样来自斯堪的纳维亚的芬兰人米卡·瓦尔塔里[7] 20 年后才在排行榜上占据较为重要的位置，他的上榜作品是《埃及人》（1950

1 里昂·孚希特万格（Lion Feuchtwanger，1884—1958），德国犹太裔小说家。
2 维基·鲍姆（Vicki Baum，1888—1960），奥地利女小说家。
3 汉斯·法拉达（Hans Fallada，1893—1947），德国 20 世纪著名作家。
4 弗朗茨·魏菲尔（Franz Werfel，1890—1945），德国小说家、诗人和剧作家。
5 帕特里克·聚斯金德（Patrick Süskind，1949—），德国小说家。
6 卡伦·布利克森（Karen Blixen，1885—1962），丹麦女小说家。
7 米卡·瓦尔塔里（Mika Waltari，1908—1979），芬兰历史小说家。芬兰和丹麦都属于斯堪的纳维亚地区国家。

年上榜，1955 年根据该小说改编的电影剧本再次上榜）、《冒险者》（1951）和《流浪者》（1953）。安娜玛丽·泽林科[1]是个长期旅居丹麦的德国流亡作家，或许也可归入这批作家之列。她的历史小说《黛丝蕾》[2]是 1954 年的畅销小说（一部关于拿破仑的电影就是根据此书拍摄，该片由马龙·白兰度[3]主演，多少有点儿不可思议）。

1942 年，尼娜·费多罗娃[4]的《家》成为第一部进入美国畅销小说排行榜的俄国小说（该书上榜与其说与作者的国家背景有关，不如说因为故事发生在战乱的中国）。1958 年，鲍里斯·帕斯捷尔纳克[5]的《日瓦戈医生》和由他的（已经美国化了的）同胞弗拉基米尔·纳博科夫[6]创作的《洛丽塔》几乎交替占据畅销小说排行榜榜首位置。而随着冷战的"解冻"成为大势所趋，亚历山大·索尔仁

---

1 安娜玛丽·泽林科（Annemarie Selinko，1914—1986），旅居丹麦的女小说家。

2 书名"黛丝蕾"是拿破仑的初恋情人的名字，国内通常译作《我与拿破仑》。

3 马龙·白兰度（Marlon Brando，1924—2004），美国电影演员，曾主演《教父》、《欲望号街车》等影片。

4 尼娜·费多罗娃（Nina Fedorova，1895—1980），俄国出生的美国小说家。

5 鲍里斯·帕斯捷尔纳克（Boris Pasternak，1890—1960），苏联诗人和小说家，所著《日瓦戈医生》为其赢得 1958 年诺贝尔文学奖。

6 弗拉基米尔·纳博科夫（Vladimir Nabokov，1899—1977），生于俄国的美国作家。《洛丽塔》是他最有名也最具争议的作品。

尼琴[1]的《1914年8月》也在1972年挤进了排行榜。

法语背景的畅销小说明显稀缺，弗朗索瓦丝·萨冈[2]的《你好，忧愁》(1956)和西蒙娜·德·波伏瓦[3]的《风流名士》(1954)是仅有的代表。这两部小说的走红均得益于20世纪50年代中期风靡法国的"新浪潮"电影。而意大利小说中唯一在排行榜上留下印记的是迪·兰佩杜萨[4]撰写的一部关于西西里某贵族家庭的小说《豹》(1960)——此书被普遍视为意大利最伟大的文学成就之一。澳大利亚小说则凭借考琳·麦卡洛[5]的浪漫传奇《荆棘鸟》在1977年登上排行榜榜首位置。

西班牙语在美国一些边境州已成为第二语言，然而只有3部来自西班牙语国家的小说曾经进入排行榜前10名。伊巴涅斯[6]的《乱世四骑士》于1919年荣登榜

1 亚历山大·索尔仁尼琴（Alexander Solzhenitsyn，1918—2008），俄罗斯小说家与历史学家，1970年获诺贝尔文学奖。

2 弗朗索瓦丝·萨冈（Françoise Sagan，1935—2004），法国女小说家。

3 西蒙娜·德·波伏瓦（Simone de Beauvoir，1908—1986），法国女作家，著名女权主义者。

4 朱塞佩·迪·兰佩杜萨（Giuseppe di Lampedusa，1896—1957），意大利小说家。

5 考琳·麦卡洛（Colleen McCullough，1937—2015），澳大利亚女小说家，《荆棘鸟》是其最畅销的作品。

6 比森特·布拉斯科·伊巴涅斯（Vicente Blasco Ibañez，1867—1928），西班牙小说家。

首（这一年人们仍然沉浸在兵连祸结的一战留下的创伤中）。哲学家乔治·桑塔亚纳[1]的《最后的清教徒：小说形式的回忆录》于1935年进入前10名。在曾经进入排行榜的*Bildungsroman*（成长小说）中，此书堪称最佳。而劳拉·埃斯基韦尔[2]的《恰似水之于巧克力》也曾在1993年的周排行榜上时断时续地占据首位。

除了以上屈指可数的几部著作，再无其他英国以外的作品进入美国畅销小说榜的上游位置。下表列出了1900至1999年间每个10年期间进入美国的畅销小说榜前10名作品的统计数据，根据来源国排列次序。

年代	美国	英国	其他国家
1900—1909	86	14	0
1910—1919	76	23	1
1920—1929	71	28	1
1930—1939	68	28	4

1 乔治·桑塔亚纳（George Santayana, 1863—1952），西班牙裔美国哲学家、诗人和小说家。

2 劳拉·埃斯基韦尔（Laura Esquivel，1950—），墨西哥女小说家。《恰似水之于巧克力》是其最畅销的小说，曾被改编成电影《浓情巧克力》。

年代	美国	英国	其他国家
1940—1949	85	11	4
1950—1959	82	11	7
1960—1969	83	16	1
1970—1979	71	27	2
1980—1989	84	16	0
1990—1999	94	6	0
总计	800	180	20

上表中数字的增减变化表明，该世纪上半叶英国作品的渗透更深（总共180部作品中占了104部），这也不足为怪。而到了20世纪90年代，排行榜却陡然呈现出一种美国小说占明显统治地位的势头。

“奇迹之年”

整个20世纪，虽然美国的畅销书目总体上是向本土作品倾斜，但英国作品时有复苏之态，甚至有卷土重来之势。以1924—1925年度这个“奇迹之年”（*Annus Mirabilis*）为例，这一年出版了P. C. 雷恩[1]的《火爆三兄

1 P. C. 雷恩（P. C. Wren，1885—1941），英国小说家。

弟》、P. G. 沃德豪斯[1]的《吉夫斯》和伊迪斯•M. 赫尔[2]的《酋长的儿子》，而这些小说都排在1924年畅销榜的前列。接下来的一年又出版了A. 汉密尔顿·吉布斯[3]的《试探》(该年美国排名第一)、玛格丽特·肯尼迪[4]的《专一的少女》(排名第二)、迈克尔·阿伦[5]的《绿帽》(排名第五)、拉斐尔·萨巴蒂尼[6]的《卡罗来那人》(排名第九)以及A. S. M. 哈钦森[7]的《人生目标》(排名第十)。沃里克·迪平的《索雷尔父子》于1925年在英国出版，次年在美国付梓(并占据了排行榜的榜首位置)，从而开始了这个作家在美国畅销小说榜上长达10年的统治。英国小说在美国的骄人业绩也使出版界人士懊恼不已，大家都为本国文学的衰微扼腕叹惜。

1925年最了不起的“美国”小说《了不起的盖茨比》也难逃英国对美国殖民历史的深刻影响。故事的主人公盖

1 P. G. 沃德豪斯（P. G. Wodehouse，1881—1975），英国幽默小说家、剧作家，后入美国籍。
2 伊迪丝·M. 赫尔（Edith M. Hull，1880—1947），英国女小说家。
3 A. 汉密尔顿·吉布斯 (A. Hamilton Gibbs，1888—1964)，英国小说家。
4 玛格丽特·肯尼迪（Magaret Kennedy，1896—1967），英国女小说家、剧作家。
5 迈克尔·阿伦（Michael Arlen，1895—1956），英国亚美尼亚裔小说家。
6 拉斐尔·萨巴蒂尼（Rafael Sabatini，1875—1950），英国小说家，生于意大利，主要创作历史小说。
7 A. S. M. 哈钦森（A. S. M. Hutchinson，1880—1971），英国小说家。

茨比是凭借其“美国佬上了牛津”的显耀经历赢得了他所爱慕的女人黛茜的芳心。梦幻尖塔[1]和杰伊·盖茨比都很“了不起”，堪萨斯和詹姆斯·加茨[2]（我们从后来的叙述中了解到，农家小子才是他“真实”的出身）却没有什么了不起。如今，根据记录，《了不起的盖茨比》是美国中学中研读最多的小说，但此书在1925年并没有登上畅销书榜。正如前文所提到的，菲茨杰拉德正在进行一次漫长的文学长跑。

在这个世纪，还可以发现另外一些英国成分特别突出的年份。1925—1926年度也被视为“奇迹之年”，这要归功于1917—1918年间两国建立的战时友好关系。在此期间，美国人来到英国这里，而英国小说则跑到美国那边去。1941年的情形也与此类似——那一年美国保持“中立”，但暗中与大西洋彼岸的亲戚结成同盟。欧洲战争第一年，最畅销的小说是理查德·卢埃林[3]的《青山翠谷》，讲述了一个关于生活、艰辛和坚毅的故事，故事的发生地是威尔士的一个采煤村庄。这部作品的畅销多少有点儿出

1 指牛津大学。
2 小说中盖茨比的原名。
3 理查德·卢埃林（Richard Llewellyn，1906—1983），英国小说家。

人意料（更加不同寻常的是，这部小说于 1942 年被拍成了由好莱坞演员出演的电影；结果人们发现，就连作者卢埃林——虽然他的名字可能会误导人——也不比“大鼻子”吉米·杜兰特更像个威尔士人[1]，但这并未阻止这部电影在那一年的奥斯卡奖评选中大获全胜）。

1940 年美国畅销小说排行榜上的第三名是简·斯特拉瑟[2]的《米尼弗太太》。1939 年，此书开始以文章的形式连载于美国报纸，赞美英国人如何勇敢以及面对战火如何沉着、“能够承受一切”。英美间存在的特殊关系是这本书畅销热卖的最重要因素。在温斯顿·丘吉尔看来，这部书在反法西斯的事业中所起的作用甚至超过了一个舰队。当然，这位久经战阵的老兵还希望从他的盟友富兰克林·罗斯福那里得到他的“自由轮”[3]。

其他一些虽不出色但也算不错的年份也会时不时地冒出来。1937 年，A. J. 克罗宁[4]的《城堡》排到了畅销书

1 吉米·杜兰特（Jimmy Durante，1893—1980），美国意大利裔喜剧演员；这句话可能是说片中的演员都不像威尔士人。
2 简·斯特拉瑟（Jan Struther，1901—1953），英国女小说家。
3 指第二次世界大战期间美国应急建造的支援英国的货船。
4 A. J. 克罗宁（A. J. Cronin，1896—1981），英国小说家。

榜第三名的位置，弗吉尼亚·吴尔夫[1]的《岁月》位居第六（显然要归功于高层次人士的积极评价），而萨默塞特·毛姆[2]的《剧院》则取得第七名的成绩。

1977年的畅销状元是托尔金[3]死后发表的《精灵宝钻》，此书是他对其“魔戒”史诗的补充。同年上榜的还有约翰·勒卡雷[4]讲述尔虞我诈的间谍故事的《荣誉学童》，排第四；约翰·福尔斯[5]的半自传体小说《丹尼尔·马丁》排名第十。由于托尔金的巨大成功（其上榜作品的精装本销量达100万册），在排行榜前10名小说中，在美版扉页上标明英国国籍作者的作品，销量占到了总销量的一半以上。

畅销与反畅销

英美两国的图书业在实际内容方面存在着千丝万缕的

1 弗吉尼亚·吴尔夫（Virginia Woolf，1882—1941），英国著名女小说家，是最早以“意识流”进行创作的作家之一。

2 萨默塞特·毛姆（Somerset Maugham，1874—1965），英国作家，以其短篇小说创作最为著名，长篇小说代表作包括《人生的枷锁》、《月亮和六便士》。

3 托尔金（J. R. R. Tolkien，1892—1973），英国语言学家和小说家。创作了著名的“魔戒”三部曲。

4 约翰·勒卡雷（John Le Carré，1931—），英国小说家，以写作间谍小说闻名。

5 约翰·福尔斯（John Fowles，1926—2005），英国著名作家，小说《法国中尉的女人》是其代表作。

联系，但20世纪出现的一个重要的制度因素却使两国图书销售业在手法上大相径庭。英国从19世纪90年代开始实施《净价图书协议》——在其后100年的时间里，这项措施使英国的图书销售得到了规范。该协议禁止图书售价低于或高于出版商在书上标明的定价，违反者将面临全行业的集体抵制。这样，顾客无论购买多少册，也无论从何地购买，任何零售商都不会打折或加价销售这些“净价”图书，其中自然包括新版小说。同时，该协议明显阻滞了购书俱乐部的发展。在美国，这类团体（包括每月一书俱乐部和文学工会）每年以十分低廉的价格向读者发售数百万册精装本小说。而在英国，购书俱乐部是到了几十年后的20世纪60年代才开始发展壮大。

在英国，20世纪的大部分时间里，无论是从约翰奥格罗茨或兰兹角[1]的街边小店买一本书，还是在皮卡迪利大街上的哈查兹书店购买几百本同样的书，其单价都是完全一样的。其效果是制造出一种轻松从容的、“文明”的或“富有主顾”式的行业文化。另外，英国对零售商不提

1 约翰奥格罗茨和兰兹角分别是英格兰最北端和最西端的两个地方，这里用来表示英国各地。

供“售不出即退”的便利，也进一步加强了这种文化。在美国，一家大书店可以订购某本小说 1,000 册，假如卖不出去，可以原价退还 999 本。在英国，一旦订购，书就是你的了。这也使书店经理们在订购时十分谨慎。

美国在一战期间试行了短暂的零售价管制（美国法院很快裁定该做法属于“行业垄断”而加以禁止），之后再未引入“净价书”这个概念。美国人对此嗤之以鼻，认为这样做与美国的社会理念格格不入，几乎要与社会主义画等号。而购书打折的做法——无论是在书店还是通过购书俱乐部——则起到了为畅销小说榜“火上浇油”、推波助澜的作用。这两个国家的图书销售体制只是在 1995 年英国废除了《净价图书协议》后才开始趋向一致——如今，两国的一些大公司实际上成了超国家的实体。

哈珀－柯林斯或蓝登书屋旗下的海尼曼、塞克－沃伯格等品牌，究竟是属于英国呢，还是归属美国？还是两者皆非，抑或二者兼属？你的答案可以发到伦敦、纽约、悉尼、多伦多或者柏林——因为母公司蓝登书屋现在归德国人所有（曾经出版沃尔特·司各特和简·奥斯丁[1]作品的约翰·默里出版公司，现在竟已归属法国人——这两人如果泉下有知一定会困惑不已，因为在拿破仑战争时期这两位作家都是极其坚定的爱国者）。作家肯·福莱特[2]在英国出生并接受教育，但他在美国售出的书远比在英国多。他的一些畅销小说，如《一切归零》（2000年的畅销书榜第一名），故事发生在美国，人物也是美国人。那么他算哪里人？答案也许会在他存放于密歇根州萨基诺学院的文稿中找到。

19世纪90年代到20世纪90年代的100年间，英国的图书文化（同时也包括欧洲国家的图书文化）在骨子里抵触畅销书这个概念，也完全鄙视任何官方的"排行榜"。这种做法在当时看来是美国式的野蛮行为，因为它扭曲了顾客的购买习惯。挑剔的读者"浏览"[3]图书，就像英国草地上反刍的牲口慢慢咀嚼胃里的草料一样；他们不会像疯

1 简·奥斯丁（Jane Austen，1775—1817），英国女小说家，以描写乡村中产阶级生活尤其是妇女生活著称，代表作有《理智与情感》、《傲慢与偏见》等。

2 肯·福莱特（Ken Follett，1949—），英国惊险小说和历史小说作家，代表作有《针眼》、《世界之柱》等。

3 原文为browse，也有"捡嫩草吃"的意思。

1 OCTOBER 1995 · THE SUNDAY TIMES

Novel opportunity: Penguin's Glover says there will never be a better time to buy books than between now and Christmas

Final chapter for book price fixing

Readers are the winners as the end of the Net Book Agreement puts bestsellers in the supermarkets and forces publishers and retailers to cut prices and margins. Report by Sarah Fairbairn

IT IS SAID that when the mainframe computer at the Foreign Office came close to crashing some years ago, the cause of the overload was found to be nearly 2,000 unfinished novels written by aspiring authors in their lunch hours.

True or not, the dismantling of the Net Book Agreement (NBA) and its fixed book prices spells the end of dreams for would-be authors as publishers and retailers respond to a more competitive environment.

Large-scale discounting starts this weekend, with the newly announced Booker prize shortlist heading promotions. As the battle lines are drawn, with the action centred on bestsellers, the industry faces turmoil.

Trevor Glover, Penguin UK's managing director, says: "There will never be a better time than between now and Christmas to buy books."

For the big retailers such as WH Smith, its Waterstone's subsidiary, and Thorn EMI's Dillons, the dissolving of the 95-year-old pact that propped up book prices is likely to spark a price war.

WH Smith, with about 25% of the book market, kicks off this weekend with discounts of up to 50% on 60 titles, divided between HarperCollins, part of News Corporation, the ultimate owner of The Sunday Times, and Random House, two of Britain's top publishers.

Books, accounting for about 25% of WH Smith's sales, are its most important product and, for a time, are likely to be used as a loss leader to attract fresh customers.

Smith executives hope the increased footfall in the stores stemming from the price war, could push overall like-for-like sales up by as much as 5% in the next few months.

Peter Bamford, managing director of WHS retail says: "We can now use books to sell other products - and help us revitalise our brand."

Dillons is planning its biggest price promotion, slashing the cost of 200 books, split between bestsellers, coffee-table books and specialist titles.

Stephen Dunn, the marketing director, reckons bestseller sales can increase fourfold when prices are cut by a third.

But Dillons, which is Britain's top academic bookseller, is not cutting academic-book prices, as its busiest selling period gets under way ahead of the new university year.

Dunn says: "We are trying not to react in the short term." He says the discount itself, not its size, attracts customers, adding that there is a floor under book prices below which no extra customers can be persuaded to buy.

While gross margins must come under pressure for retailers and publishers, the idea is that higher volumes will more than compensate.

Both will need to co-operate to extract maximum profits from initial print runs and, while retailers insist they will not put publishing houses under pressure to reduce prices unreasonably, power is likely to shift to the large retailers able to buy in bulk, knowing that they can now use price as a weapon to shift stock.

So publishers' margins will remain slim, with retailers scooping, on average, half the price of a hardback.

About 20% of the retail price is the manufacturing cost, 10% may go to the author, leaving slim pickings for the publisher, which will also have to pay for marketing and distribution.

An increase of about 60% in the price of paper over the past two years is adding to publishers' woes. With these pressures, publishers will have to become more focused on what they publish. The number of new titles is already declining after almost doubling to 89,000 between 1980 and 1994.

Random House has cut its list by about 600 to 1,200 since 1992 and Gail Rebuck, the chief executive, says there are further cuts to be made. She says the company has seen sales rise "significantly" in that period, reflecting a more focused approach to its titles.

Publishers and retailers agree the NBA's fall does not mean the demise of specialist new titles. About 10% of people buy 40% of books and this hardcore will not take price into consideration when buying.

Indeed, Sydney Davies, of the Booksellers' Association, believes many books, including academic titles, could rise in price. "Bestsellers may be cheaper but prices of other books may go up in compensation," he says.

The Booksellers' Association has 3,300 members, ranging from giants to small shops. It wrote to members last week, offering pricing and negotiation courses to help small shops respond to the upheaval.

"The end of the Net Book Agreement could mean the end of the gentlemen booksellers," says Davies, pointing out that many rely on the cashflow generated by bestsellers and that this could be severely dented by price competition.

At Penguin, Glover says: "Small booksellers have reason to be concerned. They must concentrate on loyal customers to win through."

Independents will also face competition from supermarkets, led by Asda, a pioneer discounter. WH Smith's Bamford dismisses the threat posed by supermarkets, saying they carry about 10% of the 30,000 titles found in an average WH Smith store. But with supermarkets entering the fray and other retailers such as Kingfisher's Woolworths chain aiming to match as much as 10% of the market by the end of 1996, the British book industry is entering a turbulent time.

Intensified competition ahead of Christmas will cloud the long-term effects of the NBA's fall. But, in the final chapter, it is almost certain that readers will be the winners, as the sector becomes more focused and commercial.

Glover says: "It is not a brilliant day for publishing. We will have to wait and see what this brave new world brings."

His caution is echoed by Rebuck. "It gave us no pleasure to withdraw from the NBA," she says. "But now we have responded to the change, we hope to sell more books to more people in more places."

Bamford says: "If you were a bookseller in the 1930s and had seen the coming of TV, video and computer games, you would have packed up then and there. Books are extremely resilient and nothing will change that."

图 2 报纸在 1995 年废除《净价图书协议》后对造成的产业混乱局面的报道

狂的牛群那样在平原旷野上“惊跑狂奔”。

人们觉得美国畅销书经营模式下的高销售压力限制了书店进货的品种范围。堆积如山的“热门图书”将那些有价值的图书压在下面，难见天日。图书之间不存在竞争关系，它们只是“不同”而已——1960 年英国一桩涉及图书零售价格管制的官司中，成功胜诉的辩护方如是强调（法庭裁定《净价图书协议》“合法”，从而令辩方胜诉）。对于图书，没人说过“豆烤糊，人必烫伤”。那为什么还要像卖烤豆那样卖书呢？这就是英国图书业界的想法。

由于这种文化对抗，英国直到 20 世纪 70 年代中期才出现真实可靠的畅销书排行榜。这一时期《书商》杂志开始为图书行业收集制作图书榜单，而《星期日泰晤士报》则开始向读者公开这些榜单。此后数年里，这逐渐成为英国图书业的一大特色，可以说是变相效仿了美国的高压销售策略——在 1995 年废除了《净价图书协议》以后，这种特点更加突出，而传统的繁华商业街书店也逐渐变得与美国的超级书店几乎无甚区别。美国的超级书店包括巴恩斯 – 诺布尔书店、博德斯书店和亚马逊网上书店

（Amazon.com）；在英国有沃特斯通书店、博德斯书店和亚马逊英国网上书店（Amazon.co.uk）。在两个国家的畅销书排行榜上，名列榜首的小说越来越趋于一致。

术语

任何图书都可能成为畅销书，甚至这本介绍性的小书——如果本人斗胆臆想——也有可能会忝列其中。其实，自畅销书排行榜诞生以来，这个术语就主要同小说联系在一起，小说——借用威廉·萨克雷[1]的说法——就是滋润心灵的果酱馅饼。我们以下介绍的仅限于畅销小说——那些文学世界中的甜蜜糖果。

使用“畅销书”一词的最早记载出现于1902年，即在最初的畅销书排行榜出现7年之后。从一开始，这就是个使用不当的词。“最”是个最高级形式的词[2]。严格说来，最畅销的书——借用电影《高地人》中的那句台词——“只能有一部”；而这本书是《圣经》，是莎士比亚作品，

1 威廉·萨克雷（William Thackeray，1811—1863），英国小说家，作品多讽刺上层社会，代表作是《名利场》。

2 bestseller一词直译是“销售最好”的图书（或其他商品）。

还是《道路交通法规》？这还是个悬而未决的问题。

但是，周复一周发布的排行榜已清楚表明：所谓的最畅销书总是不止一本（在最近10年的畅销书榜单上有总共200本）。而且，人们可以确信，明年的畅销书目会更大，畅销作品质量还会更好。下一个10年情形也肯定会依然如此。

我们使用“畅销书”这个名词时，等于是相信了图书业的（善意）谎言。今天，人们一般称此做法为“宣传炒作”或“编造杜撰”，即善意的欺骗，此善意就是要向更多的人销售更多的书。而正确的说法应该是“销量较好的书”或“在更新的图书面市之前销量尚好的新书”。畅销书刚刚面世之时，正值出版业“黄金时代”的尾声。那时的出版业是一个绅士行业，业界人士颇引以为荣。今天的畅销书在那个时代，人们喜好称之为“有需求之书”。直到20世纪20年代，诸如哈钦森那本超级热销的《如果冬天到来》之类的图书，英国业界一直称之为“大卖图书”。这些名称虽然在语义上更受人偏爱，但在20世纪咄咄逼人的商业氛围里，它们毕竟显得过于温和。

不时有人建议，用“快销书”（fast-seller）这个词更为合适，因为畅销书的主要特征是其销售速度快，而非最终销售总量大。《天路历程》[1] 和《达·芬奇密码》[2] 相比，尽管作为一部宗教小说并不引人入胜，但其销售量是后者的几倍之多。不过这个销量是由 500 年来人们的虔诚阅读累积而来的。一个世纪以后，教会肯定还在，莱奥纳尔多[3] 的画作还会在卢浮宫吸引大批参观者。我们可以自信地预言，班扬的基督教生活寓言仍会有读者，虽然人们可能只是为了欣赏其永恒不变的纯美文字。但丹·布朗反天主教的幻想作品还会有人读吗？很可能不会——文学考古学家除外——而且肯定不会为其语言而读。从 2003 年到 2006 年，《达·芬奇密码》的销量“超过”《天路历程》之说只是在（短期内）它的销售速度更快这一意义上成立。那么，这两者当中，哪本更适合“畅销书”之称呢？

在每个畅销书排行榜上我们都应该加上一个劝人“及时行乐”（*carpe diem*）式的标注：仅为今日之书；能读即读，阅后即弃。

1 英国文艺复兴时期著名作家约翰·班扬（John Bunyan，1628—1688）的长篇宗教寓言小说。

2 美国小说家丹·布朗（Dan Brown，1964—）创作的一部宗教题材的畅销小说。

3 即莱奥纳尔多·达·芬奇（Leonardo Da Vinci，1452—1519）。

The Number One New York Times Bestseller
DAN
BROWN
THE
DA VINCI
CODE
'Fascinating and absorbing...
A great, riveting read. I loved
this book' HARLAN COBEN

图 3《达·芬奇密码》："畅销书"

图 4《天路历程》：是畅销书吗？

文学畅销书

首先我们必须对此作出谨慎限定。畅销书作为一个类别在内容和文学质量上都完全无法预测。没有人能够确定无误地预测市场的行情走势，久于此业的人对于图书销售有敏锐的直觉，但即便他们也无能为力。如果他们有这种本事，就不会有那么多出版商破产倒闭。而有一点可以肯定，大多数小说的销量连成本都赚不回。但是，任何一本小说，或任何一种小说，都可能成功，其中甚至时有文学小说[1]。这种不确定性及其偶尔惊人的后果可以通过以下的问答测验显现出来：

问：米基·斯皮兰[2]和乔治·奥威尔有何共同之处？

答：他们在同一年创作的单本小说都卖出了600万册。

问：在什么地方能看到《1914年8月》和《海鸥乔纳森·利文斯顿》放在一起？

答：在1973年的畅销书榜上，作为排名前两位的畅销书。

1 指不同于通俗小说、具有较高文学研究价值的严肃文学作品。

2 米基·斯皮兰（Mickey Spillane，1918—2006），美国小说家，创作了以迈克·哈默为主人公的系列侦探小说。

问：以下这几本书——《日瓦戈医生》、《一个谋杀的解析》[1]、《洛丽塔》、《与马姆姑妈周游世界》[2]——有何共同之处？

答：这些书都曾是1958年不同时间段的当周最畅销小说，也是当年年终排行前四名（排序同上文所列先后顺序）。

这些畅销书单可制作成一个相当体面的教育课程，也可用来声讨英美两国业已堕落的大众趣味。Q. D. 利维斯[3]就曾在1932年以其《小说以及广大读者》一书对这种趣味进行过严厉批评。从销售情况图表来看，其实任何小说都堪胜此任：不管它是高雅文学（如E. L. 多克托罗[4]1976年美国排名第一的畅销小说《雷格泰姆音乐》）、内容血腥暴力的廉价通俗小说（如斯皮兰的《我，陪审团》，1946年纸皮本小说排名第一），还是愤世嫉俗却粗制滥造的劣质品（如埃里克·西格尔[5]的《爱情故事》，1970年出版）。

1 美国作家约翰·D. 沃克尔（John D. Voelker，1901—1991）的法庭小说。
2 作者是美国小说家帕特里克·丹尼斯（Patrick Dennis，1921—1976）。
3 Q. D. 利维斯（Q. D. Leavis，1906—1981），英国女文学批评家。
4 E. L. 多克托罗（E. L. Doctorow，1931—2015），美国著名作家，《雷格泰姆音乐》（一译《褴褛时代》）是其代表作。
5 埃里克·西格尔（Erich Segal，1937—2010），美国畅销小说家。

那些位居榜首的小说，后世的人们可能有一天会将其视作“经典文学”，如哈珀·李[1]的《杀死一只知更鸟》，而当时在排行榜上与其相邻的却是哈罗德·罗宾斯[2]那本几乎是色情小说的《提包客》(2007年2月，迈拉·欣德利称她和伊恩·布雷迪犯下那些臭名昭著的儿童谋杀案便是受了此书的教唆[3])。是好是坏，这两本书都是1961年的畅销书。这一点——当然二者均为小说——是这两本书所有的共同之处。

以实际经验而论，畅销小说之所以成为畅销小说是因其畅销，而非其他因素。在很长的一段时间里，随着潮流的起落，畅销小说可能会出现一些周期性的变化，但要从中找到重要的规律、倾向或对称性的变化，即便并非毫无意义，也是相当困难的。这个问题我们将在第三章详细讨论。

1 哈珀·李（Harper Lee，1926—）美国女作家，《杀死一只知更鸟》是其自传体小说。

2 哈罗德·罗宾斯（Harold Robbins，1916—1997），美国著名畅销小说家，作品常以金钱、情欲等为主题。

3 迈拉·欣德利（Myra Hindley，1942—2002）和她的情人伊恩·布雷迪（Ian Brady，1938—）是英国历史上臭名昭著的连环杀手，在20世纪60年代绑架并虐杀了5名10岁至17岁的儿童和少年，后双双被判处终身监禁。迈拉·欣德利已在2002年病死，此处可能指2007年2月播出的关于她的电视剧中出现的相关内容。

第二章

现代场景

定义（续）

15 世纪西欧发明了图书抄本印刷技术，而此时造价低廉的纸张也从东方传入。通过采用这种新技术，各种读物可以大批量地即时生产。同时，由于人们文化教育水平的提升、中产阶级的兴起和城市化，社会已经具备了消费这些产品的条件。

复制一本手抄图书再也不需要花费数月辛苦抄写了。此时的问题已经不是书商能够以多快的速度生产出图书（这曾是寺院缮写室面临的主要问题），而是他需要多久才能把图书推向市场。

书籍和钱币都是历史上最先大规模生产的物品。如果不是因为铸币机和印刷机的出现——以及由此带来的财富和思想的流通——现代社会就不可能诞生。虽然我们无法知晓真实的情形，但企业主卡克斯顿的小说集、马洛里的《亚瑟王之死》和乔叟的《坎特伯雷故事集》很可能就是早期书商鱼龙混杂的书单上最畅销的几部书。[1]

狂销之潮

印刷机具备同时大量印制书籍的生产能力，足以满足消费者的需求，但反过来又刺激了他们的胃口——这种现象可以称作“文化躁狂症”：畅销书的热卖，正是利用了这种狂热追捧、这种“我现在就要”的急切心情。“现在”意味着此时此刻就要拿到手：下个星期再买就太晚了。

畅销小说的历史可以通过以下的这几个画面来概括。1819 年，读者们像橄榄球运动员一样互相推搡，争购司各特的《罗布·罗伊》[2]，他们为看到书的内容而迫不及待地撕去其黄色包装纸，在伦敦大街上贪婪地读起小说的头

1 卡克斯顿（William Caxton，约 1422—1491），英国印刷商和翻译家，英国第一家印刷企业的创办者；马洛里（Thomas Mallory，？—1471），英国作家；乔叟（1340？—1400），英国诗人，代表作是《坎特伯雷故事集》。

2 沃尔特·司各特发表于 1817 年的小说，讲述了 18 世纪苏格兰一个传说中的绿林英雄的传奇故事。

几页。另外一个场景：货船驶入纽约港，码头工人对着即将停靠的船只大声询问：“小耐儿死了吗？”[1] 1960年11月13日，书店开门前几个小时，人们为争购刚被宣判“无罪”的“查夫人”[2]，门口已经排起长队（“要放在普通纸包里吗？”店员礼貌地问道——劳伦斯的小说确实被判无罪，但也不是什么真正体面正派的书）。

最近又出现了一个“波特热”现象，已经达到了空前疯狂的地步。2005年7月19日午夜钟声刚刚敲响，J. K. 罗琳[3]就推出了她的魔法男孩系列传奇小说的第六部。

在发售时间到来之前，罗琳的新书像藏匿禁运品一样被严密封存看管。而当发售新书的魔法时刻即将到来之际，英国各地的人群开始聚集到大街上、书店前。很多人头上戴着高礼帽，手里拿着扫帚柄（店员们也因这股波

1 指狄更斯的长篇小说《老古玩店》中的情节，该小说最初在英国一家杂志上连载，小说女主人公小耐儿的命运成为读者关注的话题。狄更斯(Charles Dickens, 1812—1870)，英国19世纪著名小说家，著有《大卫·科波菲尔》、《远大前程》和《双城记》等小说。

2 指D. H. 劳伦斯的小说《查特莱夫人的情人》。此书首次发表于1928年，但因包含多处性描写而被迫删节出版。1960年企鹅书店冒险出版了未删节版，遭起诉。在诸多著名作家的声援下，法庭作出无罪判决，此书获准全文出版。

3 J. K. 罗琳（J. K. Rowling，1965—），英国女小说家，从1997年到2007年共出版了7部“哈利·波特”系列小说。她的小说在全世界引发了影响巨大的魔法故事阅读热潮，也使她成为第一位收入超过10亿美元的作家。

特热忙得夜不能寐）。店门打开那一刻，顾客们不像是在千百种书籍中挑选罗琳的小说，而更像是着了火的电影院里往门口逃生的观众在奔窜的途中停下来买包爆米花的情景。开始发售后24小时之内，《哈利·波特与“混血王子”》在全国书店售出100多万册，电子书店的销量也相差无几。

抢购之风

畅销小说的确不时会制造这种疯狂抢购的场面——但罗琳的小说所掀起的壮观场面却极为少见。问题是，既然如今阅读已是一种非常个人化的行为，为什么人们会同时去读一本“当下的书”呢？现在的图书种类如此繁多（还有那么多时间），足供口味挑剔的读者选择——拿电影、电视或实时剧场表演来说，图书的种类要远比它们丰富。小说读者的选择也多得令人眼花缭乱。亚马逊网站新旧书目每周都在增加。敲几下键盘，输入一串印在信用卡上的数字，读者就可以挑选购买大约两百万种小说，而且这个数字每年都在增长。小说实在太多，人的一生即使几乎全

图 5《哈利·波特》系列小说第五部全球首发日的当天，“波特热”席卷科隆坡

部花在读书上——甚至死时也手不释卷——最多也只能揭去书山顶上一层土。

那么，为什么会有如此众多的读者在同一时刻集中读某一本，或某前 10 本，或(像最近几年) 前 100 本书呢? 他们为什么不理性地浏览一下摆在眼前的众多读物? 换句话说，如果他们就想读小说，为什么不去读读 10 年、20 年或 100 年前的畅销小说呢?

就类型小说而言，“忠诚”而非“狂热”是影响购买的主要因素。读者往往会“忠诚”于某一类别的图书（如科幻、浪漫或恐怖小说），或偏爱某个作家（如斯蒂芬·金或安妮·赖斯，[1]看看数不胜数有关他们的网站就能知道）。小说营销成功的关键在于做到丰富种类和及时更新库存，从这一角度看，这种忠诚和造就某部轰动一时的畅销巨作的狂热一样令人费解。不过，哪里缺乏理性，哪里就会财源滚滚。

新是关键

畅销小说或许讲述的是最纯净的故事，因为它永远是“新”的。这类小说最为新颖，并且持续得到更新。一旦付印，一本畅销小说就像暴露在早晨阳光下的德拉库拉[2]，其新鲜感会迅速消退，更新的后来者将取而代之。

自美国出现畅销小说排行榜以来，只有很少一部分小说能在榜首之位呆上两年，而即便这很少一部分也主要是因为这些书都是秋冬季上架的跨年出版物。这些小说包

---

1 斯蒂芬·金（Stephen King，1947—），美国当代作家，以其恐怖小说闻名；安妮·赖斯（Anne Rice，1941—），美国女小说家，以写作现代吸血鬼小说闻名。

2 德拉库拉是英国作家布拉姆·斯托克（Bram Stoker，1847—1912）同名小说中的主角，是一个吸血鬼伯爵，最后因暴露在阳光下而灰飞烟灭。

括《大地》[1]（1931—1932）、《安东尼·阿德维斯》[2]（1933—1934）、《飘》[3]（1936—1937）、《海鸥乔纳森·利文斯顿》（1972—1973）和《达·芬奇密码》（2004—2005）。《塞莱斯廷预言》[4]从1994到1996年在榜首附近徘徊了3年之久，没人明白其中原因。

我们很难看出这几本书有什么突出的文学品质或特点，能使其在如此高速发展、日新月异的时代维持这么长的生命周期。一般情况下，我们不会再阅读10年前的畅销书（从中寻找乐趣），也不大会看上周的报纸（寻找新闻），这是显而易见的事实。想要证据的话，比较一下牛津饥馑救济委员会的慈善商店和隔壁那家沃特斯通书店就行，看看这边书架和那家的“畅销图书”展示区，一目了然。

从文化角度看，畅销书榜的顶端是最容易滑脱的位置。而在技术上存在着两个排行榜：精装本和纸皮本排

1 美国女作家赛珍珠（Pearl S. Buck，1892—1973）创作的反映旧中国农民生活的最著名的长篇小说。1938年赛珍珠凭借该作品荣获诺贝尔文学奖。

2 美国小说家赫维·艾伦（Hervey Allen，1889—1949）创作的长篇小说。

3 美国女小说家玛格丽特·米切尔（Margaret Mitchell，1900—1949）以美国南北战争为背景的长篇小说，1939年被好莱坞改编成电影，获得巨大成功。

4 美国作家詹姆斯·雷德菲尔德（James Redfield，1950—）最著名的畅销小说。

行榜。前一种，由于上榜图书崭新出炉，作品地位往往更不稳定。在两个排行榜中，只有很少的作品能挺过几个月；大多数上榜书只是（短暂地）露一下脸，然后就会（永远）消失不见。

人们会发现畅销小说和经典小说之间存在着互相对立的关系，这很耐人寻味。经典小说是指"牛津世界经典小说"或"企鹅经典小说"书系中的"经典重印本"。但即便是这些精挑细选的书单也会因时尚和潮流的影响而出现变化（尽管这种潮流变化速度很慢）。在20世纪七八十年代，安东尼·特罗洛普[1]如日中天：他的全部作品洋洋47册，悉数再版重印（有的甚至以平价本形式单独出版达5次之多）。在20世纪90年代，威尔基·柯林斯[2]的"奇情"小说发行量超过了"巴塞特郡纪事"系列。其他一些读者口味方面的变化也有迹可循。与畅销小说相比，经典小说在图书行情图上的起伏变化要缓慢得多，但即便没有这些波动，经典小说也并非是一成不变，永远保持其经典地位的。

1 安东尼·特罗洛普（Anthony Trollope，1815—1882），英国小说家，著有"巴塞特郡纪事"（巴塞特郡是虚构地名）系列小说，其中包括《养老院院长》、《巴塞特寺院》等。

2 威尔基·柯林斯（Wilkie Collins，1824—1889），英国小说家，主要作品包括《白衣女人》和《月亮宝石》。

人口构成方面的因素显然也影响到图书的命运。教育系统内制定教学大纲的人在他们的位子上往往一坐就是 40 年——这对其间的图书发展有一种稳定作用。新一代的读者群体可能口味略微不同，但一般每隔 15 年左右才能达到成人的文化程度，而死亡会在另一头缩小老年读者群的规模。大众读者群体的总体构成情况始终在不断变化。出于现实的考虑，人们一般不把读者视作一个单一整体，而是更加理性地把他们看作一个由多个小规模兴趣群体组成的、可变的集合体。一个 50 岁的人所受的是 20 世纪 70 年代教育体系的教育，他在假期里很可能随身带上一本乔治·艾略特[1]的书。一个 30 岁的人由 20 世纪 90 年代的教育系统塑造而成，他可能带上（那时更加流行的）玛丽·伊丽莎白·布雷登[2]的小说。花甲老妪不太可能会读她们的孙女们爱不释手的少女文学，而其男性伴侣更倾向于选择约翰·勒卡雷，而非安迪·麦克纳布[3]。

图书业界已经推出了涉及不同地域和题材的畅销小说

1 乔治·艾略特（George Eliot，1819—1909），英国维多利亚时期重要女作家，代表作有《米德尔马契》、《弗洛斯河上的磨坊》、《织工马南》等。

2 玛丽·伊丽莎白·布雷登（Mary Elizabeth Braddon，1835—1915），英国维多利亚时代女小说家，所著小说《奥德利夫人的秘密》曾经轰动一时。

3 安迪·麦克纳布（Andy McNab，1959—），英国人，曾在第一次海湾战争中服役，后将其经历写成小说。

排行榜，但目前尚无针对某个年龄段或某代人而设计的畅销书榜（尽管以后肯定会有）。

死而复生的畅销书

想要在极其容易滑落下来的畅销书榜顶端呆过一年固然不易，但一部畅销小说试图“死而复生”更难如登天。一部小说一旦离开畅销书榜超过一年，绝少能够梅开二度。即使这种情况果真发生，一般也都有明显的外部因素作用。历史上首部克服困难两次登顶的小说是劳埃德·C. 道格拉斯[1]的《圣衣》。这部小说以情节剧的手法重述福音书故事，1943 年成为排行榜排名第一的畅销书，1953 年再度登顶。《圣衣》在沉寂 10 年后再度走红，完全应归功于 1953 年拍摄的那部场面宏大的塞西尔·B. 德米尔[2]式同名改编电影。

在英国，约翰·高尔斯华绥[3]出版于 20 世纪 20 年代

1 劳埃德·C. 道格拉斯（Lloyd C. Douglas，1877—1951），美国牧师，《圣衣》和《伟大的渔夫》是他最著名的宗教小说。

2 塞西尔·B. 德米尔（Cecil B. DeMille，1881—1959），美国电影制片人、导演，其电影常以豪华壮观的场面和布景见长。

3 约翰·高尔斯华绥（John Galsworthy，1867—1933），英国小说家和剧作家，1923 年诺贝尔文学奖得主。

的家世小说《福尔赛世家》同样因 1967 年改编成电视剧而重获新生。该剧曾令英国人为之痴迷。由于奥普拉・温弗瑞[1]读书俱乐部的推崇，赛珍珠的《大地》和约翰・斯坦贝克[2]的《伊甸园以东》在几十年后又再次上榜，成为龟鹤遐龄的畅销小说。最不可思议的是，乔治・艾略特的《米德尔马契》纸皮版竟然在 1994 年春天登上英国畅销书榜，并连续占据榜首长达一两月之久，而这部书之所以能再度热销，仍然是因为受惠于安德鲁・戴维斯[3]那部广受欢迎的电视改编剧。

除非有上述特殊情况，畅销小说往往青春短暂，如同陈年的积雪，一旦消逝，再难重现。好奇心强的人会由此想到另一个令人长期思考的现象：为什么 1925 年"每个人"都在读《索雷尔父子》，又为什么 1950 年时在读《红衣主教》[4]、1971 年又在读《汽车城》[5]？这些书如今都已绝

1 奥普拉・温弗瑞（Oprah Winfrey，1954—），美国著名黑人脱口秀电视节目女主持人，是一个妇女读书俱乐部的组织者。

2 约翰・斯坦贝克（John Steinbeck, 1902—1968），美国小说家，作品多以农业工人为题材，1962 年获诺贝尔文学奖，《愤怒的葡萄》是其代表作。

3 安德鲁・戴维斯（Andrew Davies，1936—），英国作家、编剧。他为英国广播公司改编的电视剧本《米德尔马契》拍成电视剧后大获成功。

4 美国小说家亨利・莫顿・鲁宾逊（Henry Morton Robinson，1898—1961）创作的小说，相关内容见本书第四章。

5 英国小说家阿瑟・黑利（Arthur Hailey，1920—2004）创作的反映汽车行业故事的小说。

版，人们想读还得到版权图书馆里去找。

要想解开这个谜团，我们可以回溯到那些年月，寻找其时代精神（*Zeitgeist*），分析当时各种因素——意识形态、社会、文化和商业的因素——如何共同作用，这些因素可以使某部小说达到某个历史水平。以这种眼光看，畅销小说是一个为其时代服务的文学实验，但也仅仅是为其时代服务而已。细观畅销小说不难发现，这些作品都是为它们诞生于斯的那个时代量身定做的。

鉴于畅销小说丰富多样，从文学批评的角度认真研究这些作品理应不无收获，不过通常情况并非如此。但畅销小说也非一无是处。这些作品短期内在某一社会环境下大受欢迎，可以为我们提供其所处社会阶段的一些情况，因此是信息最为丰富的文学史料之一。

纸皮本畅销小说

再版小说是对新书的一种补充，首创于亨利·科尔伯恩和理查德·本特利[1]在19世纪30年代设计的“标准小说”

1 亨利·科尔伯恩（Henry Colburn，1784—1855），英国出版商。理查德·本特利（Richard Bentley，1794—1871），英国出版商。

系列。这两位颇具胆识的伦敦书商发明了一种双轨制：一方面，新书以昂贵的价格上市（一个半几尼，令人望而却步），风险高，但单位利润率也高；另一边厢，出版商将少量“十拿九稳”的小说——其昂贵版本已获成功——以（售价6先令的）再版小说的形式投放市场，此时从售出的每本书中还能获取较少一些(但更为稳妥）的利润回报。

这种双轨制一直沿用到现在。用博弈论的术语来讲，这是一种最大利润（精装本）/ 最小损失（纸皮本）双管齐下的策略。相对而言，如果一部小说并未先凭借其昂贵版本取得成功，那么之后则很少能在大众市场上以纸皮本的形式大有斩获。

英美两国大众市场上的纸皮书差不多是在20世纪30年代同时出现的，但具体情形迥然不同。在英国，大众市场纸皮书的先驱是艾伦・莱恩[1]，他在1935年创立了企鹅出版社。莱恩曾在伍尔沃思公司的“3便士和6便士”商店[2]尝试销售纸皮书，但很快失败。其后，他那些外观时尚、设计风格独特的再版书便开始在普通书店销售。企鹅

1 艾伦・莱恩（Allen Lane，1902—1970），英国出版家。

2 伍尔沃思公司是英国的一家零售公司，20世纪30年代在英国各地开设了多家销售3便士或6便士廉价商品的连锁商店。

图书从一开始就是当作精装书销售的平装本，而且，在很多情况下企鹅版的图书甚至更加体面。而对于一位作家而言，其作品如果能被“纳入企鹅丛书”，那就标志着其作品达到了很高的水平。

莱恩是英国首屈一指的纸皮本图书出版商，在他漫长的职业生涯中，他始终避免使用图片封面。他认为这样的封面庸俗不堪。他要求编辑们在纸张质地、设计式样和印刷字体上多下功夫，力求推出制作最精美的再版小说，同时也体现出艾伦・莱恩一贯追求的品质。

在美国，大众化纸皮本图书的创始人是罗伯特・德格拉夫[1]。他的策略不是把他的图书放到传统书店中销售，而是整个儿绕过书店。德格拉夫的“口袋书”每本25美分，实质上是一种“杂货店”纸皮书。这种书的特点是封面图案吸引眼球，采用新闻纸（比卫生纸高一个档次）印刷，印刷质量一般都很粗劣。这些书的市场思路是当作生命短暂的杂志而不是书来卖（书是文明的物件），而且还不一定是较为体面的那种杂志。

自从20世纪60年代以及此后的“纸皮书革命”以来，

1 罗伯特・德格拉夫（Robert de Graff，1895—1981），美国出版家。

英美两国的大众书市在外观和营销风格上已经趋于相同。美国的纸皮书在档次上有所上升，而英国的则有所下降。

总体而言，大众化的纸皮书至今仍然不具备学术批评价值——小说尤其如此。人们通常不会为其撰写书评，也不大会有人骄傲无比地把这些东西摆放在书店橱窗里。这种排挤对于某些“类型小说”来说是种遗憾。对于这种小说时有严肃评论，但通常出自书迷杂志或最近出现的网友杂志。

相较之下，“批评界的意见”对于精装本小说的成败通常至关重要。

第三章

领域与排行榜

领域介绍

我们这本介绍性的小书容量有限（长篇介绍也是如此），即便只介绍一下单单一周内出现的畅销书也难胜其任。肯·格尔德在他关于通俗小说的专著中，提出可以用两种行之有效的方法来解决这一问题，并将其压缩精简至可以讨论的程度。

一种方法策略是分类法。应用这一方法，我们可以制定一个**分类目录**。这个目录通常以时间顺序排列，条目都必然是经过精挑细选的。比如，从《罗伯特·埃尔斯梅尔》到罗伯特·勒德勒姆[1]，每个条目都会加上注解文字——评论性文字或社会背景方面的说明——和一些起佐

1 罗伯特·勒德勒姆（Robert Ludlum，1927—2001），美国小说家，作品以间谍小说为主，以“伯恩三部曲”最为著名。

证作用的统计数据。格尔德对这种方法不无疑虑。

格尔德所支持推崇的方法是以当代文学理论——对他而言，这些理论主要来自皮埃尔·布迪厄[1]——为工具，"绘制出这个领域的文化地图"。格尔德认为"畅销小说"一词颇不合宜，因而更倾向于选择"通俗小说"这个名称。在格尔德看来，后一种提法把小说的创作**意图**摆在了首要位置。写作"文学小说"的（潜在）作家与通俗小说作家的创作动机大相径庭。当然，文学小说也可能成为通俗小说——甚至畅销小说——但一般并不以此作为其创作的出发点。

格尔德描述的两种方法存在同一个根本性的问题，即研究对象（"畅销小说／通俗小说"）的数量过大，种类过多。这个数量确实太大。一名学制 3 年或 4 年、修读英国文学高级课程的本科大学生在最后考试时也才需要掌握大约 50 部作品的内容。自从 19 世纪这个学科的学位课程开设以来，这个数目始终与那些亘古不变的古典文学作品的数量相当。这些古典文学作品从古代希腊和罗马时期流传

1 皮埃尔·布迪厄（Pierre Bourdieu，1930—2002），法国社会学家，其理论对于文学、语言学和人类学产生过重大影响。

至今，其内容加起来用两张 3.5 英寸的软盘即可容纳。

畅销小说数量众多，每年的出版数量都相当于又增加了一套经典文学全集。而如果要研究《项狄传》[1] 这部作品，仅仅认真研读一年内发表的研究著作，即便是可以投入全部精力，也需要花费 3 年的时间。

畅销小说 / 通俗小说研究期待有林奈 [2] 式的人物出现。摸清这一领域的状况不可能在短时间内完成，也不是任何一个学者所能独力承担的，不管这个学者如何勤奋。而林奈这位伟大的瑞典植物学家研究的植物世界与此不同，它不会快速扩展，不必担心科学界来不及为那些植物样本想出名称。因此，实用主义加上点儿杰克 · 霍纳式（伸进大拇指，抠出些果干来）[3] 的自我陶醉仍然是最为明智有效的批评方法。

---

1 《项狄传》（又译作《商第传》）是英国 18 世纪小说家劳伦斯 · 斯特恩（Laurence Sterne，1713—1768）的作品。该作品打破了传统小说的叙述模式，语言风格幽默诙谐，被视为最早的意识流小说之一。

2 林奈（Carl Linnaeus，1707—1778），瑞典植物学家，创立双名法，最早阐明动植物种、属定义的原则。

3 杰克 · 霍纳是一首传统童谣里的男孩，他用大拇指从馅饼里抠出了李子或其他果实，还称自己是个好男孩。后来用 Jack Hornerism 表示要小聪明自我欺骗。

果真是“排行榜”吗?

某本畅销书得以被视作畅销是因为该书在畅销书排行榜上占有一席之地，但该排行榜本身的编排也很古怪奇特。比如，排行榜上的销售数字与出版商账册中的记录不尽相同，也不是“图书观察”之类的数字化汇编材料，这些材料业界如今已经能够通过国际书号识别和销售网点监控获得——现代新技术已能够跟踪记录图书购买的规律、潮流以及突然出现的急剧增长，精确程度可以达到个位。另外还可以通过公共租借登记（PLR）获取数据。公共图书馆因收费之需会有出租图书的登记信息。

畅销小说排行榜既是事前之物，又是事后之物，其存在既为记录销售，也为**促进**销售。这样的排行榜不断变化，而非静止不动；是图书销售的引擎，而非简单记录的目录。在图书业界，图书排行榜方面的事务由公关宣传部门负责，而不属于财务会计部门的管辖范畴。

一旦某本小说占据令人垂涎的榜首之位，此书必然会因此销量大增。商品销量的这种动态变化记录首先是在通俗音乐领域发展起来的，也在这一领域得到最为有效的利用。在通俗音乐界，“排名第一”是极有价值的资本，为获此殊荣，一些音乐制作经理人常常把道德原则抛诸脑后，向唱片销售商店行贿送礼。同样，时常有人怀疑是美国的书商雇用书托们一窝蜂地涌到参与排行统计的那些书店购书。出版商越来越愿意出钱买下书店（或网上书店）的黄金陈列位置。他们疯狂降价，与其说是为售出图书，不如说是为挤入前 10 名、前 20 名或前 50 名。因为一旦占据了排行榜上的这些位置，其上升势头往往势不可挡，推动销量不断提高。

排行榜（二）

完全无视其他因素，仅仅把销售速度和销售量作为依据对某些图书进行筛选和排名，这一做法始于 1895 年，其首创者是美国月刊杂志《书人》及其编辑哈里·瑟斯顿·佩克[1]。

佩克的杂志敢为天下先，首次“以需求量为序”选取一些新书进行排名——衡量需求量的标准是销售单位。最

1 哈里·瑟斯顿·佩克（Harry Thurston Peck，1856—1914），美国学者、作家和编辑，编制了世界上最早的畅销书排行榜。

初的排行榜每月公布一次，有十余本书（均为小说），年底进行年度排名。在 19 世纪 90 年代这一排行榜出现的初始阶段，《书人》杂志的畅销小说排行榜主要被英国图书占据（“圈占”）。1895 年的排行榜中，位列前 10 名的作品中有 7 部来自英国。

前面已经提过，这一局面的形成是有历史原因的。直到 1891 年，美国始终拒绝签署有关国际版权的法规协定。因此，美国的书商们要是盯上哪本新出的英国书，他们可以随意拿来出版，不需要支付任何费用，因而他们对这么做都十分积极踊跃。

“畅销书”这个复合名词的使用，最早的记录是在 1902 年。1912 年，美国行业杂志《出版商周刊》开始发布畅销书排行榜，这个排行榜自此始终颇具权威。一年后，该杂志开始将畅销书（通常是每周 10 本）划分为小说与非小说类，尽管“畅销书”这个词给人的第一感觉（就像在本书中）是某种小说。

从 1913 年开始，对畅销书又有了进一步的细分：主要的几类包括精装书和纸皮书、儿童图书和“指南”手册类书籍。地域差异甚至商店之间的差异都会被记录下来，汇总到一个中央监控数据库，以备分析。例如，沃特斯通书店在伦敦的一家旗舰店（伦敦大学学院旁边那家，从前是迪伦大学书店）的销售规律就与皮卡迪利大街上的另一家旗舰店（从前叫辛普森书店）迥然不同。Epos（electronic point of sales：电子销售网点系统）获取的数据也使零售系统较以前大为敏感。这一系统正合出版商之需，就像手套，戴起来更加舒服合适了。如今，我们已经能够确定“某日”甚至“某时”之书了。

畅销的是书还是作者？

阿加莎·克里斯蒂（1890—1976）[1] 在她 56 年的创作生涯中，只凭借《帷幕》（1975 年名列第三）和《沉睡的谋杀案》（1976 年排名第二）两次接近年度畅销小说榜首位置。上述两部小说其实早已写就，本来都是计划待其去世后作为遗作出版的。

克里斯蒂于 1916 年作为护士参加一战，她在短暂休假期间写就了《斯泰尔斯庄园奇案》（1920）一书。自那

1 阿加莎·克里斯蒂（Agatha Christie），英国著名侦探小说家，代表作包括《尼罗河上的惨案》、《东方快车谋杀案》等。

以后，据粗略估计，她创作的几十部侦探小说在全球范围内售出了约两亿册（举个例子，她在法国是作品最为畅销的小说作家，势头盖过乔治·西门农[1]）。如今，她的小说销量每年仍然数以百万计。《吉尼斯世界纪录大全》还把她认定为史上“最为畅销”（**确确实实**最畅销）的小说家。

“克里斯蒂案例”（借用其追随者埃勒里·奎因[2]最喜使用的命名模式）凸显出“畅销书”这一术语在使用中的一个关键问题。尽管从小说在排行榜上的位置来看，克里斯蒂的哪本书从严格意义上讲都很难称得上是“最畅销小说”，但“侦探小说女王”克里斯蒂是“畅销作家”这一事实却无可争辩。玛格丽特·米切尔和哈珀·李都只写过一部小说，即《飘》和《杀死一只知更鸟》，这两本书分别于1936年和1961年荣登畅销书榜榜首位置，故成为“最畅销小说”，但人们不会称其作者为“畅销作家”。事实上，这两位作家的公共形象相当模糊。李的小说是学童

1 乔治·西门农（George Simenon，1903—1989），出生于比利时，后移居法国，是著名的通俗小说作家。

2 埃勒里·奎因（Ellery Queen），美国小说家弗雷德里克·丹奈（Frederic Dannay，1905—1982）和曼弗雷德·李（Manfred Lee，1905—1971）合用的笔名。他们是一对表兄弟，二人用该笔名合作创作了大量畅销侦探小说。

图 6 阿加莎·克里斯蒂

的必读书籍，但许多孩子认为她是一个男作家。

在类型小说领域，作家们推出的作品通常汗牛充栋，是书还是作者畅销这个问题也因此尤为复杂难解。畅销小说作家埃德加·华莱士[1]被誉为 20 世纪上半叶的“惊悚小说之王”，但除了《四侠士》，他的其余作品始终销量平

1 埃德加·华莱士（Edgar Wallace，1875—1932），英国著名畅销作家，代表作包括小说《四侠士》和电影剧本《金刚》。

平。当然，总体而言，这个称号他受之无愧。实际上，华莱士一年到头似乎都在靠一台口述录音机和几个速记员以诺菲尔德公司生产莫利斯牌摩托车的效率出版相同类型的小说。

芭芭拉·卡特兰[1]——在版权图书馆里，她的名下拥有600多本小说——也是在一批眷文工（人们想象，可能穿着招牌式的粉红色制服）的协助下创作了大量小说。她的书没有一本是“最畅销小说”，但她无疑是个“畅销作家”。

显然，工厂式大规模生产出来的文学作品，如同众多文学小玩意儿一样，都存在同类相似性。只要读一本卡特兰的摄政时期传奇，就等于读了全部。读一本华莱士的惊悚小说，下一本什么样基本已了然于胸。但小说之于那个忠诚于品牌的读者大军，就如同酒之于酒徒，一本足矣，一千本也不嫌多。

并非像特威德尔德姆[2]说的那样，“畅销书是我觉得它是什么样就是什么样”的东西。但我们也需要持续关注创

1　芭芭拉·卡特兰（Barbara Cartland，1901—2000），英国通俗浪漫小说家。
2　特威德尔德姆是英国小说家刘易斯·卡罗尔（Lewis Carroll，1832—1898）所著小说《镜中世界》中的一个人物。

作者和创作产品、作家和作品以及个例与类型之间不断变化的对立关系，从这些方面对这个术语加以限定。

是否有反复出现的规律?

迈克尔·科达[1]在其相关专著《打造畅销书》中提出，美国的畅销小说有反复出现的规律模式。就像经济学中的拉弗曲线[2]或房地产市场中的繁荣/萧条周期一样，在畅销书排行榜上，相同类型的图书会以一定的规律反复出现。

科达的理论也许可以通过参考“宗教畅销书”的情况得到检验（或证明），这类小说常以弥尔顿式的昭示天道之任自命。那么在美国都有哪些年份这类图书销售量独占鳌头，成为那一年的最畅销图书呢？为此笔者设法将这些书编制成表，下面列出的就是这些包含耶稣及其门徒等人物的宗教小说在美国刚刚出版后销量超过其他小说的年份：

1 迈克尔·科达（Michael Korda，1933—），美国作家和出版家，曾任西蒙－舒斯特出版公司总编辑。

2 美国经济学家阿瑟·拉弗（Arthur B. Laffer，1940—）1978年提出的一条曲线，用来表明税率与经济活动之间的关系。

1855《大卫王室》约瑟夫·霍尔德·英格拉哈姆[1]

1880《宾虚》卢·华莱士[2]

1896《你往何处去》亨利克·显克微支[3]

1897《追随他的脚步》查尔斯·M. 谢尔登[4]

1943《圣衣》劳埃德·C. 道格拉斯

1948《伟大的渔夫》劳埃德·C. 道格拉斯

蒂姆·莱希和杰里·詹金斯[5]的《末世迷踪》系列小说是对《启示录》[6]的文学改编（已有多部成为畅销书榜排名第一的作品）。在该系列推出的最后一部《王国到来》（2007）中，救世主耶稣成了书中的一个主要人物。遗憾的很，这些作品更像小说而非预言。

宗教主题在小说中反复出现，很难看出有什么时间节奏或历史意义。当然，这中间可能存在一些偶然因素，比

1 约瑟夫·霍尔德·英格拉哈姆（Joseph Hold Ingraham，1809—1860），美国19世纪著名宗教小说家，创作了著名的基督教历史浪漫小说三部曲。

2 卢·华莱士（Lew Wallace，1827—1905），美国作家，代表作《宾虚》（全名为《宾虚：基督的故事》）是美国19世纪最畅销的图书之一。

3 亨利克·显克微支（Henryk Sienkiewicz，1846—1916），波兰著名作家，1905年获诺贝尔文学奖。

4 即查尔斯·门罗·谢尔登（Charles M. Sheldon，1857—1946），美国牧师和作家。

5 蒂姆·莱希（Tim LaHaye，1926— ），美国基督教福音派牧师和作家；杰里·詹金斯（Jerry Jenkins，1949—），美国多产畅销书作家。

6 《圣经·新约》的最后一章，内容主要是对世界末日的预言。

如大灾难、世界大战、大规模移民以及现世主义与福音主义的潮流变化。人口问题可能也涉及其中。最终的结论还是困惑：那就是，小说变化的程式似乎确实来去无常，除此之外我们一无所知。但从长远来看，我们可以发现一些有趣的反复出现的主题。

迈克尔·克莱顿[1]在他于1990年出版的《侏罗纪公园》中大胆改写柯南·道尔[2]的《失落的世界》(1912)。他是否有意为之？这两部小说在各自的时代都大红大紫，这是否也纯属偶然？继《侏罗纪公园》之后，克莱顿（他向来是个乐于承认借鉴他人的作家）1995年又推出一部名为《失落的世界》的小说。他显然明白，他做的正是从（粗滥的）畅销小说原汁大汤锅中捞取一点素材，回锅重煮后再向大众推出。而读者们早已把这个问题抛诸九霄云外了。

第一次世界大战结束8年后，“斗牛狗”德拉蒙德问世——一个笨拙的老派英国绅士承担起粉碎世界阴谋的重

1 迈克尔·克莱顿（Michael Crichton，1942—2008），美国著名畅销小说家和电影电视编剧、导演，作品多与科学和医学有关。

2 柯南·道尔（Arthur Conan Doyle，1859—1930），英国著名侦探小说家。《失落的世界》是他创作的一部科幻小说。

任。面对敌手卡尔森，德拉蒙德总是技高一筹。第二次世界大战结束 8 年后，詹姆斯·邦德现身小说世界，并开始与他的对头邪恶博士布罗菲尔德展开较量。创作 007 这个人物时，弗莱明[1]研究了萨珀（即 H. C. 麦克尼尔）的惊险小说。两个极端英国式的超级英雄在那个年代如日中天，是否与当时战后出现的文化空档有关呢？

想法、剧情或叙述手法是没有版权的。一些（看似）原创性很强的畅销小说，用图书业内的行话说，往往给人以“似曾相识”的感觉。也许是有意为之，也许是无意巧合。在吹毛求疵的知识界，这叫做剽窃。但在这个一切免费的领域，重复利用司空见惯。这一现象是否会有什么模式或规律？这个论点促人思考，但在现阶段尚难证实。

也许将来有一天我们能用更为理性的方式将畅销小说划分类别，而不像现在这样用所谓“排行榜”把它们堆在一起，或粗略地将其圈进“情节剧小说”、“浪漫传奇”、“犯罪故事”等几个大类中。但在目前，我们仍无法做到。

1 弗莱明（Ian Fleming，1908—1964），英国小说家，创作了著名的 007 系列间谍小说。

节节攀升的销售量

清脆响亮地报出一系列的数字，特别是销售量的数字，可以充作畅销小说机制的背景音乐。看看这些数字不难发现，过去几十年间，“畅销小说”的销售门槛明显抬高了，虽然也不总是在直线上升。

一般说来，若以销售量而言，从前的畅销小说在今天已相形见绌。在 20 世纪 30 年代末期，《安东尼·阿德维斯》4 年内共售出 60 万册，这在当时是惊人业绩。70 年后，这个数字不过尔尔。事实上，赫维·艾伦这部轰动一时的小说刚刚淡出排行榜，便被《飘》超越。《飘》在一年内卖出了 100 万册。如今，美国某些年份排名前 5 位的小说（以及英国的某些作品）销量都能达到这样的水平，却也不足以被收入《吉尼斯世界纪录大全》。

细观过去一个多世纪以来有关畅销小说的详细记录，人们不难发现，畅销小说出自一部每年不断扩张的机器，其产量也在逐年相应增加。人口和收入在增加，公民受教育程度在提高，文化技术推陈出新，这些都是起作用的因素，但并不能完全解释小说销量的增长。关键的因素在于实施了垂直优化，通过这一手段，不同媒体之间建立了更为融洽的合作关系（和更加集中的所有权体系）。这部机器的工作效率因此得以大大提高。网上书店、连锁店和图书超市的问世，更使图书零售业取得了长足进步，发达程度前所未有。

且不论我们作何解释，畅销小说记录最为详细的那段历史，即 20 世纪和 21 世纪的美国畅销小说，其发展轨迹始终呈现上升趋势：销售量越来越大，速度越来越快。

艾丽丝·佩恩·哈克特[1] 在 1945 年研究分析了《出版商周刊》的相关记录，认为到那时为止最畅销的小说是查尔斯·门罗·谢尔登的基督教史诗《追随他的脚步》（1895），60 年间此书共售出大约 800 万册（受一场因该书发起的“耶稣会怎么做？”运动的推动）。而《飘》（1936）的销量到 1945 年才达到 350 万册。

1965 年，哈克特又作了一次类似调查，发现格雷丝·梅塔利尔[2] 那部描写新英格兰近郊住宅区性丑闻的长篇情色小说《佩顿镇》（1956）在不到 10 年的时间里售

1 艾丽丝·佩恩·哈克特（Alice Payne Hackett），美国畅销小说研究者，详细信息参见英文部分的 Further reading。
2 格雷丝·梅塔利尔（Grace Metalious，1924—1964），美国女小说家。

出将近1,000万册。1975年，哈克特发现，60年代的纸皮书革命后，有一些小说，如马里奥·普佐[1]的《教父》（1969）、彼得·布拉蒂[2]的《驱魔人》（1971）和埃里克·西格尔的《爱情故事》（1970）等，在5年之内销量竟达到上千万册。

由于调查的时间段较长（尽管在逐渐缩短），哈克特必须将首印书和再版书合并考虑，以此得出销售加速和大规模生产的一般性判断。查看一下一个世纪以内所有（美国）畅销小说的首年最大销售量，我们就可以获得一个较为清晰的轮廓。根据单个因素来编制某种表单是有风险的，这在情况复杂的文学领域尤其如此。我们不想对以下所列作品的最高数值作过多解读，但作为某种潮流的反映，这些数字确实见证了一个势不可挡的增长模式：

1900：250,000　　玛丽·约翰斯顿《拥有与占有》

1910：250,000　　弗洛伦丝·巴克莱[3]《玫瑰园》

1918：500,000　　比森特·伊巴涅斯《四骑士》[4]

1 马里奥·普佐（Mario Puzo，1920—1999），美国意大利裔小说家，创作了著名的描写美国黑手党的《教父》系列小说。

2 彼得·布拉蒂（Peter Blatty，1928—），美国作家和电影制片人。

3 弗洛伦丝·巴克莱（Florence Barclay，1862—1921），英国女小说家。

4 即本书第一章提到的《乱世四骑士》。

1928：240,000　桑顿·怀尔德《圣路易斯雷伊桥》[1]

1936：1,000,000　玛格丽特·米切尔《飘》

1945：868,000　凯思琳·温莎《永远的琥珀》[2]

1951：240,000　詹姆斯·琼斯《从这里到永恒》[3]

1958：421,000　鲍里斯·帕斯捷尔纳克《日瓦戈医生》

1968：300,000　阿瑟·黑利《航空港》

1969：418,000　菲利普·罗斯《波特诺的怨诉》[4]

1972：1,800,000　理查德·巴赫《海鸥乔纳森·利文斯顿》

1976：250,000　E. L. 多克托罗《雷格泰姆音乐》

1977：1,000,000+　J. R. R. 托尔金《精灵宝钻》

1978：851,000　詹姆斯·米切纳《切萨皮克》[5]

1　桑顿·怀尔德（Thornton Wilder，1897—1975），美国小说、戏剧作家。小说《圣路易斯雷伊桥》曾获普利策奖。

2　凯思琳·温莎（Kathleen Winsor，1919—2003），美国女小说家，历史言情小说《永远的琥珀》是其代表作。

3　詹姆斯·琼斯（James Jones，1921—1977），美国战争小说家，《从这里到永恒》是美国战争文学经典作品。

4　菲利普·罗斯（Philip Roth，1933—），美国著名作家，《波特诺的怨诉》是其最有名的作品。

5　詹姆斯·米切纳（James Michener，1907—1997），美国作家，长篇小说《切萨皮克》为其代表作。

20 世纪 80 年代以后，20 万册这道销量门槛已不足为奇。例如，1983 年，销售排名前 25 位的小说都过了这条线。1989 年，共有 63 本小说销量超过 10 万。到了 90 年代，对于琼· 奥尔、斯蒂芬· 金、汤姆· 克兰西、约翰· 格里森姆和丹妮尔 · 斯蒂尔等作者[1]而言，首印百万册已是家常便饭。1986 年是“精装本开始走向大众市场的一年”，畅销书榜前 3 名（奥尔的《猛犸象猎人》、米切纳的《得克萨斯》和加里森· 凯勒[2]的《忘忧湖岁月》）的昂贵精装本首年销量均达百万册或更高。1991 年，亚历山德拉 · 里普利[3]为《飘》写了一部续集《斯嘉丽》。这本书同原作一样，也成为该年的销售冠军，但销量是原作的两倍，突破了 200 万册大关。1994 年，罗伯特· 詹姆斯· 沃勒[4]的《廊桥遗梦》销量又比《斯嘉丽》翻了一番，超过 400 万册。自此以后，首年销量达百万如同 80 年代过 20 万一样平淡

1 琼 · 奥尔（Jean Auel，1936—），美国女小说家；汤姆 · 克兰西（Tom Clancy，1947—）美国军事小说家；约翰 · 格里森姆（John Grisham，1955—），美国犯罪小说家。丹妮尔 · 斯蒂尔（Danielle Steel，1947—），美国女小说家。

2 加里森 · 凯勒（Garrison Keillor，1942—），美国作家、电台主持人。

3 亚历山德拉 · 里普利（Alexandra Ripley，1934—2004），美国女小说家，以《斯嘉丽》最为著名。

4 罗伯特 · 詹姆斯 · 沃勒（Robert James Waller，1939—），美国作家。

无奇。

美国消费者愿意为精装本热门畅销新书支付的价钱（即书后标价），同销量或向作者预支的稿酬一样非同小可。金、格里森姆、斯蒂尔和杰弗里·阿彻[1]等人自90年代以来得到的稿酬都高达数千万美元。詹姆斯·克莱维尔[2]的《贵舍》是1981年的美国销售冠军（而克莱维尔是个英国作家），这本书洋洋1,200页，如果不打折需要花费消费者19.95美元。而接下来克莱维尔又在完成他的下一部小说《旋风》（1986）之前拿到预支稿酬500万美元。

对于销售方面的峰谷数字，我们不妨作几个假设。我们有理由相信，首年出版的精装本畅销小说在20世纪20年代和30年代初受到电影的挑战，50年代和60年代又面对来自电视的挑战，其销量一度有所下降。60年代，大众化纸皮书爆炸性增长，同样影响了精装书销量（“我等便宜的版本出来后再买”）。但到了80年代（一个强调“自我”的年代），人们似乎有一种类似于“我就想要，不能等了”的心态。人们文化水平的提高、人口的增长以及

1 杰弗里·阿彻（Jeffrey Archer，1940—），英国当代畅销小说家。
2 詹姆斯·克莱维尔（James Clavell，1924—1994），英国小说家、电影编剧和导演。

日益敏感并已数字化的市场调查手段和广告也是推动销量上升的因素。由于实行了数字化和优化组合，从生产、发行到销售，从作者的文字处理系统到网络书店，整个过程的成本大大降低。这让在维多利亚时代备受喜爱的精装本小说在如今变成了一种“廉价的奢侈品”。

第四章

美国畅销小说

“史前”概况

人们一般把苏珊娜·哈斯韦尔[1]的《夏洛特·坦普尔》（1794）视作美国第一部畅销小说（虽然作者本人出生并成长于英格兰）。这是一部与理查逊[2]作品类似的女子磨难小说，讲述了一段发生在纽约的故事，情节催人泪下。据已知的统计数字，在接下来的一个世纪里，该小说大约发行了200个版本。哈斯韦尔的小说给美国的感伤浪漫小说烙下了难以抹去的最初印记，这类小说在“女性化的50年代”（即19世纪50年代）突然盛行一时。

19世纪的美国文坛拥有可以匹敌“《威弗利》作者”

1 苏珊娜·哈斯韦尔（Susannah Haswell，1762—1824），美国女小说家。
2 理查逊指塞缪尔·理查逊（Samuel Richardson，1689—1761），英国18世纪著名小说作家，著有《帕美拉》和《克拉丽莎》等影响深远的书信体小说。

的詹姆斯·费尼莫尔·库珀[1]。库珀用皮袜子替代苏格兰短裙，用手枪替代苏格兰阔刀，用部落替代家族，把司各特的文学模式十分精明地改造成了本土化的美国故事。他的故事融合了古代苏格兰特色与“印第安故事”的传统及通俗成分（司各特的浪漫传奇为20世纪早期“西部文学”提供了更加深厚的文学基础）。

司各特的小说《罗布·罗伊》的影响在丹尼尔·P. 汤普森[2]的《青山男儿》（1839）中同样有迹可寻。《青山男儿》是一部讲述美国独立战争时期的佛蒙特地区（美国的“苏格兰高地”）土地纷争和家族血仇故事的绿林强盗小说。20年间，汤普森的小说出版了大约50种版本。同库珀一样，在这个阶段，汤普森笔下的所谓“边疆”还只是美国东部的滨海乡村。

此时的文学还存在着南北地域的差异。马克·吐温曾经（半开玩笑地）声称，沃尔特·司各特给美国人看的传奇故事太多，因而“导致了”美国内战，但亚伯拉罕·林

1 “《威弗利》作者”指苏格兰作家沃尔特·司各特；詹姆斯·费尼莫尔·库珀（James Fenimore Cooper，1789—1851），美国小说家，代表作是《皮袜子故事集》五部曲。

2 丹尼尔·P. 汤普森（Daniel P. Thompson，1795—1868），美国小说家。

肯对此则有不同的看法，这位总统说，他渴望与“那个发动了一场大战的小女人”握手。不管哈丽雅特·比彻·斯托[1]——而非哈珀斯费里突袭[2]——是导致美国内战的“原因”这一说法是否成立，《汤姆叔叔的小屋》（1852）都毫无疑问是第一部完全摆脱司各特和狄更斯的创作模式的美国畅销小说。当然，盖斯凯尔夫人[3]的社会问题小说《玛丽·巴登》对这部小说的影响仍隐约可见——曼彻斯特的工资奴隶在这里变成了种植园奴隶。

斯托夫人的小说还是第一部“跑到”英国成为畅销小说的美国小说[4]，对于改变大西洋两岸文学交流的不平衡状况起到了些许作用。伦敦出版商乔治·史密斯[5]在他上班途中搭乘的头等车厢里发现有 6 个人在读他的那本（盗版）斯托小说，甚感惬怀。5 年前，美国佬大量盗印由他出版的《简·爱》，这次他出手还击，总算是出了口气。

1 哈丽雅特·比彻·斯托（Harriet Becher Stowe，1811—1896），即斯托夫人，美国女作家，著有《汤姆叔叔的小屋》，对反对奴隶制的斗争起过推动作用。

2 指 1859 年黑人废奴主义者约翰·布朗（John Brown，1800—1859）率领支持者攻占弗吉尼亚州哈珀斯费里联邦军火库这一事件。

3 盖斯凯尔夫人（Mrs Gaskell，1810—1865），英国女小说家，其作品多反映工人阶级的生活。

4 这部小说讲述的是美国南北战争期间北逃黑奴的故事。

5 乔治·史密斯（George Smith，1824—1901），英国出版商，史密斯－艾尔德出版公司的老板。

在美国，斯托的这本具有鼓动宣传作用的小说销量空前——需求量达每周1万本，令朱厄特印刷公司的印刷机疲于应对，也使波士顿的废奴主义情绪达到了白热化的程度。通俗小说从未显示出如此鲜明强大的力量，即便狄更斯的作品也难以相比。斯托造就了一个长久发挥作用的纽带，这一纽带将在未来的岁月里把美国畅销小说和美国社会良知联系起来。“奴隶制何等可恶！”她的小说疾呼道。“失去家园是件何等可恶的事！”约翰·斯坦贝克在他的《愤怒的葡萄》（1939年排名第一）中如是呼应。“反犹太主义何等可恶！”劳拉·Z. 霍布森在她的《君子协定》（1947年排名第一；用约翰·安斯华斯[1]的话说，“这是一部禁书，一部销量排名第一的作品，一部未受足够重视的非主流现代主义大作”）中也发出了这样的呐喊。就这样，斯托的正义斥骂在她的国家出版的畅销小说中反复出现，不绝于耳。

不知是否与斯托有关，在美国南北战争期间，交战双方部队中最为流行的读物是盗版的《悲惨世界》。苦役

1 约翰·安斯华斯（John Unsworth），美国伊利诺伊大学教授，详细信息参见英文部分的 Further reading。

犯冉阿让的故事使这部小说成为了文学史上可能最饱含血泪的作品。事实上也的确悲惨无比，这本书的作者维克多·雨果[1]分文未得，而是划着他的文学木桨置身事外。

斯托是名女作家，这一点很值得注意。与英国小说相比，女性在19世纪中期美国通俗小说中留下的印记要深一些，这种差别在所谓的“女性化的50年代”尤为明显。这个年代占据主导地位的作品包括玛丽亚·S.卡明斯小姐的《灯夫》(乔治·艾略特的《织工马南》故事的翻版)和玛丽·简·霍姆斯的《风暴与阳光》(1854)[2]。这些小说出自女作家之手，面向女性读者，又反映女性群体的兴趣与问题，体现了与英国迥异的读者群特征，也不同于乔治·艾略特所说的“贵妇作家笔下的无聊小说”。女性群体在废奴运动中是个举足轻重的影响群体，对于美国的图书文化同样如此。

《汤姆叔叔的小屋》问世8年后，又一位女作家安·S.斯蒂芬斯[3]脱颖而出，她是第一本“十美分”小说《马拉

1 维克多·雨果（Victor Hugo，1802—1885），法国大文豪，著名浪漫主义小说家、诗人和剧作家，代表作包括《悲惨世界》和《巴黎圣母院》。

2 玛丽亚·S.卡明斯（Maria S. Cummins，1827—1866），美国小说家；玛丽·简·霍姆斯（Mary Jane Holmes，1825—1907），美国女小说家。

3 安·S.斯蒂芬斯（Ann S. Stephens，1810—1886），美国女小说家。

丝卡，白人猎手的印第安人妻子》(1860)的作者。当时流行的其他十美分小说还有广受模仿的“‘死木’迪克”和“‘野牛’比尔·科迪”[1]等系列小说，这些作品由很多作家参与创作，其中绝大多数是男性。

从其书名不难看出，这些十美分小说是西部文学的原型。20年后，十美分小说又衍生出侦探小说的原型“尼克·卡特”系列。一直到20世纪20年代，这个年轻侦探形象还频繁出现于廉价通俗小说、广播系列剧、连环漫画册和电影中——在这些作品中尼克仍是一个乳臭未干的少年刑警，要是个真人，他已到了该由J.埃德加·胡佛[2]向他发贺电的年龄了。

尼克·卡特也是一个集体创作的产物。而其中的一个创作者弗雷德里克·冯·伦塞勒·戴伊[3]塑造了一千余个“卡特”形象，他通常描写这个英雄与其对手夸兹博士——那

1 “死木”迪克是美国19世纪小说家贾德森（E. Z. C. Judson，1823—1886）首先在其小说中塑造的人物，是一名为生活所迫打家劫舍的强盗；“野牛”比尔·科迪是贾德森根据南北战争时期的西部英雄威廉·科迪（William Cody，1846—1917）的事迹创作的一系列廉价小说的主人公，后来又出现在许多作家模仿贾德森创作的大量小说中。

2 J.埃德加·胡佛（J. Edgar Hoover，1895—1972），前美国联邦调查局局长（1924—1972）。

3 弗雷德里克·冯·伦塞勒·戴伊（Frederic van Rensselaer Dey，1861—1922），美国通俗小说作家。

个顽固作恶、永不死去的恶棍——之间的殊死较量。

在美国畅销小说出现的初始阶段，妇女们的杰出成就主要体现在其他的领域。一般认为，真正的美国侦探小说始于安娜·凯瑟琳·格林[1]的《利文沃斯案》(1878)。这部罪案小说推出了一个广受喜爱的系列小说的主人公埃比尼泽·葛莱斯——一位性格同他的名字一样古怪的侦探。而侦探小说此后迅速成了男性作家占据统治地位的作品门类。

美国通俗小说发展到19世纪70年代，对于时事的反应已经相当迅速——有E. P. 罗[2]的宗教传奇《焚毁屏障》为证。这部小说的背景就是1871年的芝加哥大火。在接下来的一个世纪里，报纸时常为那些善于投机取巧的通俗小说作家们提供创作素材，这也使重大新闻事件经常在报纸和小说之间来回传递。

廉价通俗小说和报纸之间早在1840年就已经建立起了某种联系。在19世纪40年代，一些小说开始以“增刊”的形式随报纸免费发放，这被称为美国畅销小说史上的“大革命”。这一创新做法据说来自两个纽约记者帕克·本

1 安娜·凯瑟琳·格林（Anna Katherine Green，1846—1935），美国女诗人、小说家。

2 E. P. 罗（E. P. Roe，1838—1888），美国小说家。

杰明和鲁弗斯·威尔莫特·格里斯沃尔德[1]。

除了报纸订阅者外，其他读者的需求也需要得到满足，而其中比较突出的是教堂会众。自立国之始，美国就是一个既爱阅读《圣经》又对小说手不释卷的国度，而卢·华莱士的《宾虚：基督的故事》（1880）就此而言可谓投其所好——这是一本可以在星期天读的小说[2]（无须遮遮掩掩）。

华莱士的这部著作卷帙浩繁（当时哈珀出版社[3]的定价是1.5美元，令人望而却步），内容翔实厚重（作者为写作此书放弃了律师的工作）。这是一部关于宾虚这个人物的史诗式作品，记述他从犹太王子、苦役奴工、马车手到最后成为基督徒的经历。小说一开始销售缓慢，后来由于星期日教会学校的推荐，销量猛增，到1913年销量已达百万册的水平。后来，哈珀出版社又一次性向西尔斯-罗巴克商店[4]卖出了100万册——这是历史上单本小说的

1 帕克·本杰明（Park Benjamin，1809—1864），美国记者和报刊编辑；鲁弗斯·威尔莫特·格里斯沃尔德（Rufus Wilmot Griswold，1815—1857），美国记者、编辑和评论家。

2 在西方社会，传统上星期天是人们停下工作向上帝祷告的日子。

3 指最早出版《宾虚》的Harper&Brothers出版公司。

4 美国20世纪初期最大的零售商店。

最大订单。1925年，此书被拍成电影，由拉蒙·诺瓦罗[1]主演，该片场面恢宏，气势磅礴，再次掀起了《宾虚》的销售热潮。1959年由查尔顿·赫斯顿[2]主演（戈尔·维达尔[3]编剧）的重拍片引发了这部作品的又一次热销。

在宗教小说市场的边缘地带，有一些针对年轻读者的教育性读物，包括路易莎·梅·奥尔科特[4]的《小妇人》（1868）以及霍雷肖·阿尔杰[5]的说教意味更加浓厚、讲述“发迹致富”故事的布道小说。阿尔杰是唯一神教派牧师，他把传道热忱融入到了充斥社会达尔文主义思想的小说中，这些作品包括《衣衫褴褛的狄克或擦鞋工的纽约街头生活》（1868）、《卖火柴的男童马克》（1869）等，其强劲销售势头保持了半个世纪之久。纳撒内尔·韦斯特[6]在他的小说《冰凉一百万》中对这类小说给予了辛辣又不失兴味的讽刺，而电影《阿甘正传》的嘲讽则更具温情。阿尔

1　拉蒙·诺瓦罗（Ramon Novarro，1899—1968），美国默片时代著名演员。
2　查尔顿·赫斯顿（Charlton Heston，1924—2008），美国演员，曾出演《十诫》、《人猿星球》、《真实的谎言》等影片。
3　戈尔·维达尔（Gore Vidal，1925—2012），美国作家。
4　路易莎·梅·奥尔科特（Louisa May Alcott，1832—1888），美国女小说家。
5　霍雷肖·阿尔杰（Horatio Alger，1832—1899），美国19世纪晚期最受欢迎的作家，创作了许多描述穷孩子成名致富故事的畅销小说。
6　纳撒内尔·韦斯特（Nathanael West，1903—1940），美国讽刺作家。

杰始终深植于美国的精神文化；对他而言，美国精神既是一种理想，又是一味让人不适的刺激剂。

当欧内斯特·海明威宣称“全部”美国文学都滥觞于《哈克贝利·费恩》时，他的意思是马克·吐温创造了一种具有鲜明民族特色的风格和语言。当然，有人会说此前已出现了一代通俗小说，比如爱德华·埃格尔斯顿的“山地人故事”[1]，这些作品对喜剧化方言的运用使它们深受广大读者喜爱。这些反田园文学作品采用正宗的印第安纳州方言进行创作，获得了巨大成功，其中尤以《山地人教师》（1871）最为突出。而此时在英国，“菜园派”（指苏格兰菜园）[2]同样大红大紫，其中，伊恩·麦克拉伦和 J. M. 巴里对“德拉姆拓刻蒂”和“斯拉姆”（即“零乱的线头”）乡村生活颇带感伤的描写尤其引人注目。[3]

山地人小说针对的读者群体是家庭和青少年，而埃

1 爱德华·埃格尔斯顿（Edward Eggleston，1837—1902），美国牧师、小说家。印第安纳州人在民间俗称“山地人”。

2 “菜园派”之谓来自名称中的 kail，意思是苏格兰卷心菜，用来指 19 世纪末用方言描写农民生活的一派作家。

3 伊恩·麦克拉伦（Ian Maclaren，1850—1907），苏格兰小说家和神学家；J. M. 巴里（J. M. Barrie, 1860—1937），苏格兰小说家和剧作家。“德拉姆拓刻蒂”和“斯拉姆”分别是麦克拉伦和巴里小说中虚构的苏格兰村镇。

米尔·左拉[1]的作品则明显定位于成年读者。左拉进军美国大众文化之路可谓一马平川，但在英国，他的出版商亨利·维兹泰里运气不佳，坐了牢。[2]用当局的话说，他向英国读者当面泼了一瓶酸。人们认为，左拉小说过分之至，已经远远超出令少女面颊绯红的程度。而在美国，《娜娜》（1880）等书的翻译版销量大好（可能仅稍次于雨果的作品），美国本地的左拉主义也随着斯蒂芬·克莱恩[3]的《街头女麦姬》（1893）的出版而迅速崛起。克莱恩的这本书甚至比英国的左拉主义小说、乔治·穆尔[4]的《埃丝特·沃特斯》（1894）更加百无禁忌。美国的“自然主义”要到厄普顿·辛克莱[5]的《屠场》（1906 年排名第六）问世时才发展至顶峰。《屠场》是辛克莱对芝加哥牲畜屠宰场的强烈控诉（*j'accuse*），因其“揭发黑幕”的犀利尖锐，西奥多·罗斯福总统专门派遣一个调查委员会前往该市，

---

1 埃米尔·左拉（Émile Zola，1840—1902），法国自然主义作家，主要作品有长篇系列小说《卢贡－玛卡尔世家》。

2 亨利·维兹泰里（Henry Vizetelly，1820—1894），英国出版家，1889 年因出版左拉的作品而被判处 3 个月监禁。

3 斯蒂芬·克莱恩（Stephen Crane，1871—1900），美国作家，20 世纪美国自然主义文学先驱。

4 乔治·穆尔（George Moore，1852—1933），爱尔兰小说家和剧作家。

5 厄普顿·辛克莱（Upton Sinclair，1878—1968），美国小说家，以创作“揭发黑幕”的小说闻名。

核查小说所述是否属实。调查报告说，情况确实如此。

排行榜出现：1895—1910

畅销小说排行榜始于美国，这一点很合乎逻辑。由弗兰克・R. 斯托克顿[1]创作的《船长霍恩历险记》是文学史上第一个畅销小说排行榜冠军。这是一个内容轻松热闹的“黄金热”冒险故事，出版之时适逢美国的阿拉斯加淘金潮方兴未艾（杰克・伦敦当时正在冰雪覆盖的荒地里挖掘；他最终会用畅销小说淘得更值钱的矿藏）。

斯托克顿已为文学史所遗忘。还有个据说是历史上首个作品销量达到上百万册并赚取了数百万美元的小说家，今天也已无人记起，此人叫哈罗德・贝尔・莱特（Harold Bell Wright , 1872—1944），是个浸礼会牧师，他的首部畅销小说（总共有 18 部）是《尤德尔的那个印刷工》，写作此书的目的是向其欧扎克教堂会众高声朗读。莱特评价他的这部成长教育小说是“给普通人的普通食粮”，而那位最

1 弗兰克・R. 斯托克顿（Frank R. Stockton, 1834—1902），美国幽默小说家，杂志编辑，尤以其童话故事闻名。

平民化的总统罗纳德·里根[1]则称《尤德尔的那个印刷工》改变了他的生活："在我成长的岁月里……我读完之后思考了几天，我去找我母亲，告诉她我想接受洗礼。"这位未来"邪恶之邦"[2]的死对头自此以后的人生走上了正道。

20 世纪伊始，出版了一部（在当时）可称作史上销售最快的畅销小说——欧文·巴切勒[3]的《埃本·霍尔登》（1900）。这是一部关于移民的传奇，其出版可谓恰合其时，因为当时正有几百万人通过埃利斯岛[4]进入美国。巴切勒的小说也得益于广告的强力推动。随着 20 世纪的生活节奏不断加快，饥渴无比的市场需要快餐型的、强力"推销"的小说。

"美国的莫泊桑"欧·亨利（原名威廉·悉尼·波特）[5]是这种快餐型小说的成功践行者。藏在这个笔名（Nom de plume）后面的人于 1901 年因贪污罪而身陷囹圄，坐

1 罗纳德·里根（Ronald Reagan，1911—2004），美国第 40 任总统，政治上持右翼保守主义立场，早年曾做过演员。

2 里根在任（1981—1989）时称苏联为"邪恶之邦"。

3 欧文·巴切勒（Irving Bacheller，1859—1950），美国记者、小说家。

4 美国纽约市曼哈顿入海口处的一座小岛，1891—1943 年间大部分移民通过此处设立的检查站进入美国。

5 欧·亨利（O. Henry，1862—1910），美国著名短篇小说家。莫泊桑（Guy de Maupassant，1850—1893）是法国 19 世纪著名短篇小说家。

牢期间就开始创作那些富含机趣的短篇小说——他靠写作从一贫如洗到功成名就，起伏跌宕的人生经历连阿尔杰的小说也相形失色。

战争、廉价通俗小说和电影

在小说领域，某一种题材出现和某部畅销小说的问世在重要性方面往往不相上下——对于那些价格极端低廉的"廉价通俗"小说而言尤其如此。由 F. A. 芒西[1]创办、定价 10 美分的《故事大观杂志》到 1907 年发行量已达 50 万份。这份杂志帮助赞恩· 格雷[2]、埃德加· 赖斯· 巴勒斯[3]和马克斯 · 布兰德等人走上了写作道路，并由此大大刺激了对"西部"小说（如《紫艾丛中的骑手》）、幻想小说（如《人猿泰山》）和犯罪小说（必定要出现侦探尼克 · 卡特）的市场需求。廉价通俗小说还同电影建立了一种互利关系。由于 1903 年拍摄的《火车大盗》（采用了一本十美分故事书的情节）取得成功，电影成为一种有利可图的商

1 F. A. 芒西（F. A. Munsey，1854—1925），美国报刊出版家。
2 赞恩 · 格雷（Zane Grey，1872—1939），美国西部小说家。
3 埃德加 · 赖斯 · 巴勒斯（Edgar Rice Burroughs，1875—1950），美国小说家，创作了"人猿泰山"系列小说。

品。第一部被买去改编成电影的小说是托马斯·狄克逊[1]的《族人》(1905),这是一部为“三K党”歌功颂德的作品,令人作呕。D.W. 格里菲思[2]为获得其改编版权支付了2000美元,结果拍成了《一个国家的诞生》(1915)。此后很多年,它一直是美国毛利最高的影片。

20世纪早期,雷克斯·比奇(“穷人的杰克·伦敦”)的作品经常位居《书人》杂志的排行榜榜首。他的小说记述的是育空河流域的淘金故事,充满阳刚之气,《伙伴》(1905)是其中的首部作品。[3]为充分利用这份财产,精明的比奇成立了自己的电影公司。颇为巧合的是,这与杰克·伦敦的做法如出一辙。这就是所谓“新电影配套商品”[4]的开始。

约翰·G. 考威尔蒂[5]认为,“情节剧”小说是美国通俗小说几十年来的主要组成部分(或许是最主要的部分)。

1 托马斯·狄克逊(Thomas Dixon, 1864—1946),美国浸礼会牧师、作家,鼓吹白人至上主义。
2 D. W. 格里菲思(D.W. Griffiths, 1875—1948),美国电影导演,因改进电影艺术技法而留名历史。
3 雷克斯·比奇(Rex Beach, 1877—1949),美国小说家,以描写阿拉斯加淘金故事的探险小说闻名。育空河是北美地区第三大河,主要流经阿拉斯加地区。
4 原文为 tie-in,指与上映的影视节目相配套的商品,如书籍和玩具等。
5 约翰·G. 考威尔蒂(John G. Cawelti),美国肯塔基大学英语教授。

温斯顿·丘吉尔（另外那个[1]）在利用全景式、宽画面的“情节”讲述故事方面获得了极大成功。小说《遥远国度》（1915 年排名第一）使作者的受欢迎程度达到顶峰。此书讲述的是挥金如土的美国公子哥儿休·帕雷特从一个问题少年成长为成熟男子的故事。

后来，包括詹姆斯·T. 法雷尔、约翰·奥哈拉和赫尔曼·沃克等人[2]在内的一些作家也在其小说中采用了高度戏剧化（并且助其畅销）的风格。丘吉尔写作畅销小说的套路在他们笔下仍有迹可循。这种手法在那些伟大的经典美国小说中也许难觅其踪，但对销量巨大的美国畅销小说来讲则并非如此。

布思·塔金顿[3]没有丘吉尔的雄心，通过《彭路德》（1914）和《十七岁》（1916）等幽默有趣、富含嘲讽意味的畅销小说，他使青春期（在美国，这一人生发展阶段

1 此处的温斯顿·丘吉尔（Winston Churchill，1871—1947）是美国历史小说家，不是与他同名的英国首相。

2 詹姆斯·T. 法雷尔（James T. Farrell，1904—1979），美国小说家，代表作为《斯德兹·朗尼金》三部曲；约翰·奥哈拉（John O'Hara，1905—1970），美国著名作家；赫尔曼·沃克（Herman Wouk，1915—），美国当代著名作家，以其战争题材小说《战争风云》、《战争与回忆》、《凯恩舰哗变》最为著名。

3 布思·塔金顿（Booth Tarkington，1869—1964），美国小说家和剧作家。

的说法是由 G. 斯坦利 · 霍尔[1]在这一时期首先提出）的烦恼问题成为大众热点。在（公民文化程度更高的）美国，年轻读者的影响力一直比在欧洲更加明显。而在 1914 至 1918 年间，数十万年满 18 岁的青年战死在法国，这又给塔金顿那些田园诗式的作品平添了几分逃避世事的诱惑（《伟大的安伯逊家族》是他的又一部反映青春期成长烦恼的小说，由于奥逊 · 威尔斯[2]的原因，这部小说成为他影响力最为持久的作品）。

第一次世界大战在美国畅销书排行榜上掀起了一股颇具声势的英国热。例如，1917 年（美国介入一战冲突那年），H. G. 韦尔斯[3]那本讲述爱国父母痛失爱子的小说《勃列特林先生渡过难关》[4]成为占据美国畅销小说榜头名位置的作品。而在这段非常时期之外，韦尔斯基本上代表一种纯粹的"小不列颠"口味。

英美两国在文学方面的特殊关系在一些"奇迹之年"

1 G. 斯坦利 · 霍尔（G. Stanley Hall，1844—1924），美国心理学家。

2 奥逊 · 威尔斯（Orson Welles，1915—1985），美国演员、导演，参演的影片中《公民凯恩》最为著名。

3 H. G. 韦尔斯（H. G. Wells，1866—1946），英国作家，主要作品有科幻小说《时间机器》等。

4 书名的英文原文为 *Mr Britling Sees It Through*，勃列特林暗藏"小不列颠"（Britling = Little Brit）的意思。

（详见第一章）表现得淋漓尽致。当时，在书报页面和银幕之上满眼是优雅的外籍军团士兵、吉夫斯式的男仆[1]、蓝色的珊瑚礁和令人解颐的强盗酋长：所有这些都是用上好的英国墨水创造的。美国人还对英国的所有物什极度痴迷，因此，一些（可能）具有较高文学价值的作品也连带着进入了美国图书市场，迈克尔·阿伦那部包含“梅毒”这一大胆主题的世界主义喜剧《绿帽》（1925）和玛格丽特·肯尼迪于同年出版的《专一的少女》就是很好的例子。《专一的少女》的女主人公是一个年方十五、在性方面不检点的少女，她为后来弗拉基米尔·纳博科夫小说中那位不太专一的（放荡）少女洛丽塔的出场作了诡异的铺垫，纳博科夫的那部作品是1957年的畅销小说。而沃里克·迪平的《索雷尔父子》则非常符合美国读者的阅读口味，与A. S. M. 哈钦森1921年出版的那本《如果冬天到来》（1922年的美国榜首小说）一样，这部小说讲述的也是退役军官未获好报的故事。

自1895年以来，英国人的阅读口味很少像这一阶段这样与美国畅销小说如此投契。在随后的10年间，英国

1　吉夫斯为美国作家沃德豪斯小说中的人物，现用于指理想的男仆。

小说继续向美国市场扩张，但势头略有下降，这些作品包括詹姆斯·希尔顿的香格里拉传奇《失去的地平线》（1935年排名第五）和《再见，奇普斯先生》（1934年排名第四）[1]。主要居住在大陆地区的美国人从英格兰公学教师的退休中能看出什么来，只能由其想象了。相比之下，中国西藏对他们来说也许会显得更熟悉一些。

到了20年代末期，反战意识日渐浓厚，《西线无战事》（1929年排名第一）正是这种情绪的反映。该书是第一部赢得美国畅销书榜冠军荣誉的德国小说。它迎合了美国国内的反战孤立主义情绪。用通俗小说中常用的语言来说，这部小说相当于让牛津大学的学生投票表决，拒绝为国王和国家而死。这是大众对战争集体说"不！"而从德国街头发生的事情来看，这应该是"不，不能再来了！"

反映美国国家主题的小说销售势头仍然强劲。埃德娜·费伯[2]的《如此之大》（1925年排名第一）拉开了一连串沙文主义史诗的序幕。费伯还写有一部无比流行、更

1 詹姆斯·希尔顿（James Hilton, 1900—1954），英国小说家。他在小说《失去的地平线》中描写了一个位于中国西藏的"世外桃源"式的地方——香格里拉；《再见，奇普斯先生》又译作《万世师表》，讲述了一位公学教师毕生耕耘于教师岗位的感人故事。

2 埃德娜·费伯（Edna Ferber，1885—1968），美国女小说家。

为洋洋大观的小说《演艺船》(1926)。此书后来被杰尔姆・科恩和奥斯卡・哈默斯坦[1]改编成一部音乐剧，其生命力较原作反倒更为长久。《壮志千秋》(1930年排名第一)是一部描写俄克拉何马“拓殖潮”的小说，情况与《演艺船》相同。大约30年后，小说《巨人》(1952)给费伯的畅销小说写作生涯画上了句号。这是一部讲述两代得克萨斯石油巨头的家世小说，1956年被拍成电影，由詹姆斯・迪恩和伊丽莎白・泰勒主演。事实上，费伯的12部小说和9部戏剧共被拍成20部“大”片，创了纪录。约翰・安斯华斯写道：

我认为，从跨越的年数算，她可能是20世纪上榜最久的作家。同时，她享有与哈里・霍迪尼和乔・麦卡锡[2](威斯康星州阿普尔顿)同乡之荣。她还可能是历史上第一个几乎是公开的女同性恋畅销书作家。费伯是一座金矿。

1 杰尔姆・克恩(Jerome Kern，1885—1945)，美国流行音乐和音乐剧作曲家；奥斯卡・哈默斯坦(Oscar Hammerstein，1895—1960)，美国音乐剧剧作家。

2 哈里・霍迪尼(Harry Houdini，1874—1926)，美国魔术大师；乔・麦卡锡(Joe McCarthy，1908—1957)，即约瑟夫・麦卡锡，美国共和党参议员。

桑顿·怀尔德的《圣路易雷伊桥》是1927年的头号畅销小说，该作品既有文学造诣，又广受大众欢迎，在20世纪20年代显得与众不同。故事由1714年7月20日秘鲁一座大桥的垮塌（确有其事）开始，以娴熟老到的笔法，来回穿插，重现在此次灾难中死去的5名游客的（虚构）生活。

10年之后，怀尔德又重登畅销书榜榜首。这次的上榜小说是《天堂是我归宿》。这部小说以伏尔泰式的讽刺手法对辛克莱·刘易斯的小说《埃尔默·甘特里》加以嘲讽。[1] 刘易斯的那部小说对所谓的“宗教生意”（即以传播福音为名大肆聚敛捐款的做法）大加挞伐，笔调奔放，与伏尔泰风格迥异，该书本身也是畅销榜冠军，1927年出版后第一周内即售出20万册。

20世纪20年代通俗小说诸多类型中较有味道的一种是所谓“艳情小说”。这是一种格调轻松的读物，集挑逗性、城市式的雅致和爵士乐时代的新潮女性文化于一体，

1 伏尔泰（Voltaire，1694—1778），法国启蒙思想家、作家和哲学家；辛克莱·刘易斯（Sinclair Lewis，1885—1951），美国小说家和社会批评家，代表作包括小说《大街》、《巴比特》等，1930年获诺贝尔文学奖。

其中以安尼塔·露丝[1]的《绅士爱美人》(1926年排名第一)最为出色，历久不衰。此书改编自《纽约客》中的一个连载故事，半文半白，笔调诙谐风趣。露丝的这部小说起着开创先河的作用，带出一系列常盛不衰的模式化的两性形象。《绅士爱美人》于1953年被拍成电影，由玛丽莲·梦露主演（非她莫属）。露丝这部小说的另一个与众不同之处是，此书是最后几部为成年读者配了插图的畅销小说之一。以后直到20世纪晚期才出现另一种插图小说——“连环漫画式小说”。

与《绅士爱美人》同享1926年榜首之位的是另一部笔法娴熟的喜剧式幻想小说——约翰·厄斯金[2]的《特洛伊的海伦的私生活》。该书的主题是特洛伊式的新潮女性文化。这一时期相对冷门的艳情小说有维娜·德尔玛的《坏女孩》(1928)——讲述放浪形骸的接线员多特·黑利的故事——和唐纳德·亨德森的《等不及的处女》(1931)。[3]这些小说的内容看看标题就一目了然。

1 安妮塔·露丝（Anita Loos，1888—1981），美国小说家、电影编剧。
2 约翰·厄斯金（John Erskine，1879—1951），美国教育家和小说家。
3 维娜·戴尔玛（Vina Delmar，1905—1990），美国女小说家；唐纳德·亨德森（Donald Henderson，1887—1958），美国小说家。

这些有意识“大胆”描写敏感内容的小说表明，社会宽容度正在增加。厄斯金·考德威尔[1]的《上帝的小块土地》(1933)和《烟草路》(1932)充斥色情内容和南方的肮脏故事。这两本书又强行拓宽了这种宽容度。

类型小说：传奇（浪漫）故事、西部小说、犯罪小说、科幻小说、恐怖小说

考德威尔的小说之所以引人瞩目，不仅仅是因为其内容露骨，还由于这些25美分的纸皮本是“新”书。换句话说，出版商是把这些书作为一种类型小说——无产阶级的小说[2]在市场上推广的。

20世纪的类型小说主要有5种，传奇（浪漫）故事是其中生命力最持久的一种。该种类型小说沿着一条直线发展，从苏珊娜·哈斯韦尔到丹妮尔·斯蒂尔，从密涅瓦出版社到米尔斯－布恩出版社[3]，始终畅销不衰。这种小说

---

1 厄斯金·考德威尔（Erskine Caldwell，1903—1987），美国作家。

2 此处原文为prole-fic，prole为proletarian（无产阶级的）的缩写，fic是fiction（小说）的简写形式。由于售价便宜，这种小说比较适合劳工阶级。

3 密涅瓦出版社是英国18世纪末、19世纪初的著名出版社，以出版浪漫言情小说和哥特式小说闻名；米尔斯－布恩出版社是英国著名出版商，主要出版浪漫言情小说。

主要是满足女性读者的阅读口味。男性动作小说起源于十美分小说，主要是西部故事或牛仔传奇。《弗吉尼亚人：平原骑手》（1902 年排名第一）的作者欧文・威斯特曾经宣称，美国西部是“年轻男子的庞大运动场”（和这个时期其他许多“肺病患者”一样，威斯特去西部不是为了玩乐，而是要养肺）。

这个地方对于所有年龄的男性读者都是一个理想去处。威斯特为赞恩・格雷提供了差不多 200 个西部故事的原型，其中最为有名的是《紫艾丛中的骑手》（1912）和《孤星牧人》[1]（1915）（这两部小说都在其出版当年进入排行榜前 10 名，确实了得）。在其创作巅峰时期，格雷可能称得上是英语世界里最炙手可热的小说家。据估计，他的小说总销量（根据小说改编拍摄的 100 多部电影也推动了图书销售）已达到 2.5 亿册，并且仍在增长。克拉伦斯・E. 马尔福德[2]带着他的“20 号牧场”牛仔、“跳着走的”卡西迪沿着格雷开辟的道路紧随其后。他于 1912 年推出这一

1 得克萨斯州州旗上的图案是单独一星，因此常被称为孤星之州。本故事也确实发生于该州。

2 克拉伦斯・E. 马尔福德（Clarence E. Mulford, 1883—1956），美国小说家，创作了一系列以一位跛足的西部牛仔——“跳着走的”卡西迪（或称霍帕朗・卡西迪）为主人公的西部小说。

人物，在随后的20年间，威廉·博伊德为其创造了英雄般的银幕形象。最后，卡西迪更像是在“爬着走”，而不是“跳着走”。

斯特里特和史密斯的《西部故事杂志》创刊于1919年，其价格是那个颇有点儿魔力的10美分。正是这本杂志帮助马克斯·布兰德[1]打开了事业之门。20世纪30年代，他带着他那台（用他的话说）“热得发红的打字机”姗姗来迟，他是当时无可争议的“廉价通俗小说之王”。从1917年到1944年他去世为止，布兰德以20个笔名，写出总字数大约3,000万字的小说，其中，中短篇小说约有900篇，长篇小说将近600部，涵盖所有主要的小说类型（包括西部小说、神秘小说、医院故事、情节剧小说，甚至还有科幻小说）。布兰德的创作秘诀很简单：“你只要开头充满活力、结尾掷地有声就行。”布兰德的第一部小说是《野性未驯》（1919），他最为有名的作品是《德斯特里出马》（1930），后来被拍成电影，主演为玛琳·黛德丽[2]。

布兰德的桂冠后来传给了路易斯·拉莫尔[3]。他的首部

1　马克斯·布兰德（Max Brand，1892—1944），美国通俗小说家。
2　玛琳·黛德丽（Marlene Dietrich，1901—1992），德裔美国女演员兼歌星。
3　路易斯·拉莫尔（Louis L’Amour，1908—1988），美国著名西部小说家。

风靡一时的作品是《杭都》(1952)[1]，约翰·韦恩[2]主演的同名电影大大促进了这部小说的热销。韦恩声称它是“我所读过的最好的西部小说”，并买下了这本书的改编版权。拉莫尔向来受右翼人士的青睐，罗纳德·里根为他颁发了国会荣誉奖章，并因未能像公爵[3]一样参演过拉莫尔的电影而万分遗憾。拉莫尔和布兰德（一辈子都是光鲜时髦的城里人）不同，他的确生活在西部。他一生创作的小说约有200种，在全世界的作品销量超过2.25亿册。

在该类型作品的舞台上，还有其他几位杰出人物，欧内斯特·海科克斯[4]即为其中之一。他的《前往洛兹堡的马车》(1938)后来被改编成约翰·福特导演的一部经典电影《关山飞渡》(1939)，由约翰·韦恩饰演林哥小子。[5]在畅销小说的各种类型中，西部小说是最直接受到电影促进实现热销的品种。

---

1 又译作《蛮国战笳声》。
2 约翰·韦恩（John Wayne，1907—1979），美国著名演员，所演电影多数是西部片。
3 公爵是约翰·韦恩的绰号。
4 欧内斯特·海科克斯（Ernest Haycox，1899—1950），美国西部小说家。
5 约翰·福特（John Ford，1895—1973），美国电影导演，曾四度荣获奥斯卡奖。《关山飞渡》是福特与韦恩合作完成的经典西部片，林哥小子是片中的主人公。

第三种历久不衰的畅销小说类型是与犯罪有关的侦探小说。20 世纪最初的几十年是这一类型小说的黄金时代。S. S. 范・戴恩[1]笔下的贵族侦探菲洛・万斯（彼得・温西爵爷[2]的美国表亲）是该时期众多广受喜爱的系列小说主人公之一。范・戴恩为处于黄金时期的侦探小说规定了著名的“二十条法则”（其中最重要的一条原则后来却被阿加莎・克里斯蒂创作的那部著名的《罗杰疑案》公然颠覆，手法极其巧妙）。

1926 年出版发行的《黑色面具》杂志使美国畅销书业得以蜕去其崇英色彩，或者说摆脱了奥威尔所说的那种“衣冠楚楚的窃贼”形象。该杂志的主编“上尉”约瑟夫・T. 肖[3]为达希尔・哈米特创作的惊险小说开辟了发表空间，这些惊险小说内容多涉及“冷血”犯罪、案件侦破和私家侦探。在 1930 年出版的《马尔他猎鹰》中，哈米

1 S. S. 范・戴恩（S. S. van Dine，1888—1939），美国侦探小说家和文艺评论家。

2 英国女侦探小说家多萝西・L. 塞耶斯（Dorothy L. Sayers，1893—1957）一些作品中的业余侦探。相关内容见第五章。

3 约瑟夫・T. 肖（Joseph T. Shaw，1874—1952），美国出版家、文学经纪人，1926 年至 1936 年任《黑色面具》杂志主编，昵称“上尉”源自其曾经在美国军队服役的经历。《黑色面具》是美国著名通俗小说杂志，创办于 1920 年。

特推出了萨姆·斯佩德这个人物形象的原型[1]。另外，肖还刊发了詹姆斯·M. 凯恩[2]的黑色小说名作《邮差总按两次铃》(1934)以及雷蒙德·钱德勒[3]的作品。钱德勒塑造的菲利普·马洛（“斯佩德的继承人”）这一人物在1938年发表的《长眠不醒》中首次出现。除了这些“冷血”犯罪小说，还有一种风格较为温和的侦探小说，包括雷克斯·斯托特[4]以尼罗·沃尔夫和他的助手[5]阿奇·古德温为主人公的系列小说及大量其他作品。

同西部小说的创作者们一样，该类型小说的几位主要作者也具有传奇般的写作效率。20世纪30年代，哈里·贝德福德·琼斯[6]以十来个不同的笔名创作，售出作品上百万册。1933年3月，在收到一本厄尔·斯坦利·加

1 萨姆·斯佩德这个私人侦探形象后来在多部由此书改编的电影以及作者后来写作的其他故事中出现。

2 詹姆斯·M. 凯恩（James M. Cain，1892—1977），美国记者、小说家和电影编剧。

3 雷蒙德·钱德勒（Raymond Chandler，1888—1959），美国侦探小说家，《长眠不醒》是他的第一部长篇小说。

4 雷克斯·斯托特（Rex Stout，1886—1975），美国侦探小说家，一生出版了54部尼罗·沃尔夫系列侦探小说。

5 原文为Watson，原指著名侦探小说人物福尔摩斯的助手华生，这里用来比喻尼罗·沃尔夫和阿奇·古德温之间的搭档关系。

6 哈里·贝德福德·琼斯（Harry Bedford Jones，1887—1949），美国通俗小说家。

德纳[1]的小说赠本后，琼斯又将其“木纸浆之王”[2]的头衔体面地让给了加德纳。这本小说就是加德纳的第一部“佩里·梅森”系列探案小说《天鹅绒爪案件》。

在此后40年间，加德纳使用许多不同笔名创作，总共售出3亿多册犯罪小说和悬疑小说。他所创造的最著名的人物——那位永无闪失的刑事辩护律师佩里·梅森，又在1957年至1966年播出的电视系列剧中出场，使这个人物形象又被赋予了更为长久的生命。在加德纳最终搁笔时，他不仅是“木纸浆之王”，也成了电视剧制作界的宠儿。

科幻小说（连同与其相关的子类型，如幻想小说、恐怖小说和哥特小说）是廉价通俗小说大家庭中的第四个成员。这一时期该领域的最重要人物是埃德加·赖斯·巴勒斯。巴勒斯年轻时沉迷于达尔文的理论，这一兴趣激发了他的灵感，产生了他最著名的小说构思——于1912年问世的《人猿泰山》。这个故事描述了主人公人猿泰山与他的猿类祖先们在丛林中飞来荡去、欢唱嬉戏的情景。此前一年，巴勒斯已在芒西的《故事大观杂志》上发表了同

1 厄尔·斯坦利·加德纳（Erle Stanley Gardner，1889—1970），美国通俗小说家，以其系列探案小说闻名。

2 廉价通俗小说在英文中称为“纸浆”小说，故有此称。

样大受欢迎的《火星人约翰·卡特》系列小说。1914年，巴勒斯又开始创作他的讲述地心历险故事的“佩鲁塞塔”系列。在拿到这些畅销书的特许经销权后，作家本人于1923年组建了“埃德加·赖斯·巴勒斯有限公司”，每年收入10万美元，这在当时是笔数目惊人的巨款。巴勒斯后来又发表了约70部小说，可以说是类型小说界的亨利·福特[1]——大众市场上该领域创作效率最高的多产作家。

雨果·根斯巴克[2]在其1926年创办的杂志《惊奇故事》上提炼总结出了一个更加纯粹的科幻小说定义。根斯巴克用“科学+幻想=科幻”这个等式来重新定义这一类型的小说。1937年，《惊奇故事》被约翰·W.坎贝尔接管后，为该类型小说创作培养了一批新的人才，包括艾萨克·阿西莫夫、罗伯特·海因莱因和西奥多·斯特金[3]。坎贝尔利用他的主编身份大力推崇在作品中灌输右

1 亨利·福特（Henry Ford，1863—1947），美国福特汽车公司的创立者，他采用大批量生产汽车的方式，改变了整个汽车工业。

2 雨果·根斯巴克（Hugo Gernsback，1884—1967），美国发明家和出版家，科幻小说先驱。

3 艾萨克·阿西莫夫（Isaac Asimov，1920—1992），美国作家和生物化学家，以其科普读物和科幻小说著称；罗伯特·海因莱因（Robert Heinlein，1907—1988），美国科幻小说家，曾4次获科幻小说创作“雨果奖”；西奥多·斯特金（Theodore Sturgeon，1918—1985），美国科幻小说家。

翼政治观点——海因莱因在与《惊奇故事》杂志分道扬镳多年后，这一倾向在他的作品中仍清晰可见。他在小说《月亮是位严厉的主妇》(1966)中宣称，他的座右铭是“TANSTAAFL”(“没有免费的午餐”)，如今这一名言已从小说领域移用到了美国的政治话语中。

对于类型小说/廉价通俗小说创作“工厂”开辟的巨大市场，“文学”界的心情可谓羡慕与鄙视兼而有之。威廉·福克纳[1](后来获得诺贝尔奖)在写作《圣殿》(1931)一书时自问什么小说能够卖出1万本。随后，他“构思出自己所能想象出的最为恐怖的故事，在大约3个星期内写就”。这部描写性虐待与暴力的小说获得了预期中的销售量。欧内斯特·海明威(另一个未来的诺贝尔奖得主)则显得不那么愤世嫉俗。他在小说中运用的那句俗语，与“冷血”犯罪小说作家们的那一句极为相似。

约翰·安斯华斯后来又把一种“黑帮小说”归入到通俗小说门类当中。他认为这种小说“与犯罪小说不同，在一些重要方面大有排挤西部小说之势。西部小说从《弗吉

---

1 威廉·福克纳(William Faulkner，1897—1962)，美国小说家、现代主义作家，其作品多反映南方社会的历史状况，代表作有《喧哗与骚动》等。他是1949年诺贝尔文学奖得主。

尼亚人》开始算起，就其典型情节而言，通常在法律与罪犯之间偏向维护法律（例外能反证规则），而黑帮小说恰恰相反。”安斯华斯还进一步指出，黑帮小说发展到马里奥·普佐的《教父》时已臻成熟，“差不多把电影和电视中的西部片一网打尽”，影响一直延续到《黑道家族》[1]。

轰动一时的畅销书风潮

某一小说类型往往将其能量分散于众多书目与风格中，而另一方面，通俗小说又在集中其惊人之力打造单部“轰动一时的畅销书”（该形象说法是拿炸弹爆炸作比喻）[2]。

造成这种风潮出现的主要因素在于，畅销书排行榜在美国越来越重要，图书传播系统（包括数量众多的读书俱乐部）效率日增，电影、杂志和图书之间的联动关系日益密切。为方便起见，我们可以把赫维·艾伦的《安东尼·阿德维斯》（1933年排名第一）的出版定为轰动一时的畅

1 美国关于黑手党题材的电视剧集，从1999年到2007年共播出了6季。
2 “轰动一时的畅销书”原文为blockbuster，该词又有“重磅炸弹”的意思，即“可以炸毁一整个街区的炸弹”。

销作品出现的标志。此书讲述 18 世纪公海上的海盗活动和冒险故事，洋洋洒洒 1,200 页，价格高达 3 美元。这本书的出版商、法拉 – 莱因哈特出版社在其广告中称，此书是“三本卖了一本的价钱”，是“出版史上最长的小说”：所以它既是一个大块头，又是一个消灭大块头的炸弹。

《安东尼·阿德维斯》上了每月一书俱乐部的推荐目录，而根据此书改编的电影又获得了 1936 年的奥斯卡奖。在这两个因素的推动下，该书占据美国畅销书榜头名位置达两年之久。《安东尼·阿德维斯》一个值得注意的创新之处在于其大胆露骨的性描写。书中有一些场景设在妓院，还口无遮拦地提及“勃起”和“高潮”（在有广大电影观众观看的电影版中，这类描写被小心谨慎地删除掉了）。这就是成人看的古装戏：拉斐尔·萨巴蒂尼与性的结合体——使广大读者领略到一种新奇与刺激相结合的阅读感受。

艾伦小说的成功为畅销小说设立了新的标杆（他后来再也未能达到这一成就）。不过，20 世纪 30 年代，最畅销小说的主流仍是传统的上榜小说，即情节剧小说。赛珍珠的《大地》（1931 年排名第一）是一部讲述华人苦工王

图 7 彩色故事片《飘》:“史上最伟大的爱情故事”

龙自我奋斗的家世小说，这部小说在30年代初期使作者获利丰厚，在30年代末期的1938年又使她一举夺得诺贝尔奖（当时因日本侵华而引发的同情帮了她的忙）。

1935年，属于情节剧小说衍生类型的“医生故事”凭借劳埃德·C. 道格拉斯的《绿灯》（1935年排名第一）受到了读者大众的喜爱。该小说讲述了一个“外科医生的困惑”。1940年，创作题材广泛的马克斯·布兰德发表了他的《找基尔代尔医生》，这种“白大褂＋听诊器”模式的小说后来发展成为一个永远写不完的热门题材。《找基尔代尔医生》是布兰德一系列程式化的医院故事中的第一部，这些故事记录了年轻的爱尔兰裔美国医生和他的睿智恩师伦纳德·吉尔斯皮医生以及他的一生至爱——护士玛丽·拉蒙特共同经历的磨难与艰辛。基尔代尔这个人物被搬上了当时新出现的电视媒体，后来又（在电视屏幕上及以小说形式）衍生出诸如《马库斯·威尔比》、《陆军流动外科医院》和《急诊室》等“肥皂剧”式作品。

通俗小说故事中，并非所有医生都是圣人。亨利·贝拉曼[1]1940年出版的畅销小说《金石盟》以一种令人难忘

1　亨利·贝拉曼（Henry Bellamann，1882—1945），美国小说家，《金石盟》是他最著名的作品。

的方式表达了对这个使用手术刀职业的矛盾复杂态度。在这个故事里，卑鄙的戈登医生将一个年轻人的双腿截去，原因是他认为此人配不上自己的女儿。这部小说于1942年被拍成电影，罗纳德·里根扮演那个失去双腿的不幸年轻人德雷克·麦克休。片中最为有名的一句台词是:(从手术台下来时)“我的其余部分在哪里？”

在《金石盟》的描写中，美国的小镇生活可谓邪恶无边。此书吸收了辛克莱·刘易斯的《大街》(1921年排名第一)和《巴比特》(1923年排名第四)的故事成分，同时也成为格雷丝·梅塔利尔1957年那部超级畅销小说《佩顿镇》的前奏。一个世纪以来，畅销小说比社会学家更为敏感地记录了美国大都市、乡村和郊区之间的冲突。这一冲突一直延续到约翰·厄普代克[1]的《夫妇们》(1968年排名第二);对此好奇的读者甚至可以看看斯蒂芬·金的《它》(1986年排名第二)来一探究竟。

现实与浪漫爱情之间，很少出现20世纪30年代晚期的畅销小说中那样严重对立的情况。达夫妮·杜穆里埃的

1 约翰·厄普代克(John Updike，1932—2009)，美国当代著名作家，以其“兔子”四部曲最为著名。

《蝴蝶梦》[1]（1938 年排名第四）是众多《简·爱》续作中最为出色的一部。这部小说备受瞩目，不仅仅是由于该书以英国小说为原型却在美国大获成功，艾尔弗雷德·希区柯克[2]1940 年拍摄的（原型为英国式的）好莱坞电影也是这部小说历久不衰的重要原因。

玛格丽特·米切尔那本极富浪漫色彩的《飘》（1936 年排名第一）流行势头甚至盖过《安东尼·阿德维斯》，在出版后第一年销量即超百万册。小说以全景式的宽广画面展现美国内战时期的生活。在当时欧洲已陷入混乱和美国的经济大萧条使全社会伤痕累累的背景下，这部小说带有浓重的逃避主义色彩。这部作品当时（今天也是）以“史上最伟大的爱情故事”推出，是其沉默寡言的亚特兰大籍作者唯一面世之作，这给小说平添了不少神秘色彩。1939 年小说被改编成电影，由费雯丽和克拉克·盖博主演。电影识趣地删去了米切尔书中对于三 K 党充满仰慕的描写，否则这个“最伟大（也最为种族主义的）爱情故

1 达夫妮·杜穆里埃（Daphne Du Maurier，1907—1989），英国女小说家，《蝴蝶梦》是她的代表作。

2 艾尔弗雷德·希区柯克（Alfred Hitchcock，1899—1980），好莱坞著名导演，悬念电影大师。

图 8《愤怒的葡萄》（1939）初版

事”恐怕也难以流传如此长久。

1991年，获作者遗产继承者授权的《斯嘉丽》荣膺美国畅销小说排行榜冠军，这也使GWTW（《飘》的书迷对它的称呼）获得第二次畅销生命。米切尔的原作以“明天又将是一天”结束，呈现开放之态，而亚历山德拉·里普利撰写的这部续作正是从这里开始的。

与米切尔的历史情节剧小说同时代的还有约翰·斯坦贝克的抗议社会之作《愤怒的葡萄》。此书登上了1939年畅销小说排行榜的榜首位置。小说讲述乔德一家从干旱的俄克拉何马农场长途跋涉、流落到伪天堂南加州的悲惨经历。小说以一种鼓动宣传式的急迫调子推销罗斯福新政的理想主义，并夹杂着作者本人异于常人的新达尔文主义思想。

斯坦贝克的小说于1940年被约翰·福特拍成电影，但该片结尾的乐观态度令人不安。乔德家那辆东倒西歪的卡车同塔拉或曼德利[1]相比毕竟有着天壤之别。

第二次世界大战，如同之前的一战一样，把A. J. 克罗宁和理查德·卢埃林等英国作家推到了美国畅销小说排

1 塔拉为《飘》中女主人公斯嘉丽家的庄园，曼德利是《蝴蝶梦》中美丽的康沃尔式庄园。

行榜的顶端。战争也使社会氛围变得阴晦暗淡。一系列榜首小说延续了由斯坦贝克开始的严肃社会思考，如莉莲·史密斯的反私刑论战小说《奇异的果实》(1944 年排名第一，后来因比利·霍利迪的同名爵士乐歌曲而长久流传)[1] 以及贝蒂·史密斯那本讲述坚韧不拔成长故事的“德莱塞”式小说《长春树》(1943 年排名第四)[2]。

《安东尼·阿德维斯》式的浪漫传奇巨作同样不乏继承者，其中最为成功的是凯思琳·温莎那部反映英格兰内战时期生活的言情小说《永远的琥珀》(1944 年排名第四)。该书女主人公安伯·圣克莱尔颇富进取心，她同所有人睡觉，甚至还同风流的国王本人上过床。她的座右铭是“通奸偷情不是罪过——是个乐事”。此书在波士顿遭禁，却也因祸得福。

弗兰克·耶比[3] 的战前(即南北战争前)浪漫小说《朱

1 莉莲·史密斯(Lillian Smith，1897—1966)，美国女作家和社会批评家；比利·霍利迪(Billie Holiday，1915—1959)，美国爵士女乐歌手，她根据埃布尔·梅罗波尔(Abel Meeropol)创作的诗歌录制了歌曲《奇异的果实》。该歌曲据说激发了莉莲·史密斯的创作灵感。

2 贝蒂·史密斯(Betty Smith，1896—1972)，美国女小说家，《长春树》是她的处女作和成名作，曾被改编成电影。德莱塞指美国作家西奥多·德莱塞(Theodore Dreiser，1871—1945)，其作品多以主人公的成长奋斗经历为主题。

3 弗兰克·耶比(Frank Yerby，1916—1991)，美国黑人小说家。

门怨》(1946)使一种内容不太敏感(但非常好销)的古装历史小说风行一时。耶比是第一个登上畅销书榜的非洲裔美国小说家，因此令人瞩目。然而，提起这个名字，美国黑人历史学者难有骄傲之感，因为一直到1969年耶比的浪漫小说中才出现非洲裔主人公，而此时1964年通过的《民权法案》已施行多年(詹姆斯·鲍德温[1]也早已成为广受尊敬的作家)。

战后岁月

罗伯特·佩恩·沃伦[2](美国最著名的批评家之一，福克纳式“南方派”小说理论家)于1946年出版了小说《国王的人马》。在二战刚刚结束之后出版的小说中，此书很可能是质量最佳的“文学”类排名榜首的畅销小说。该作品是一部**基于真人真事创作的小说**。小说情节以路易斯安那州的政治煽动家休伊·朗的生平为基础。看来这次世界大战开始让美国更加深刻地反思其公民为之而战的那些理想。

1 詹姆斯·鲍德温(James Baldwin，1924—1987)，美国黑人作家，黑人民权运动中的知名人物，其作品多反映美国的种族问题。
2 罗伯特·佩恩·沃伦(Robert Penn Warren，1905—1989)，美国诗人、小说家和文学评论家。

劳拉·Z. 霍布森[1]的《君子协定》(1947 年排名第一)揭露了那些较不起眼的反犹太主义手法，以一种更为猛烈的方式拷问着国民良知。此书于当年被拍成电影，由格里高利·派克饰演记者菲利普·格林。故事中的格林通过假扮成犹太人来获取种族歧视的第一手证据。这部影片调子严肃，充满善意，获得 3 项奥斯卡奖。但电影也表明——由于战后《退伍士兵权利法案》的实施大大提升了大众教育水平——美国畅销小说在民权方面比其政治体制超前几十年，足以成为一种社会启蒙力量。但只是**足以**，实际并未形成这种力量。不幸的是，40 年代末发生了麦卡锡清洗运动[2]，使畅销小说这一媒介在今后几十年无所作为。

在诺曼·梅勒[3]的《裸者与死者》(1948 年排名第二)出版之前，美国尚无一本真正从士兵角度描写二战的畅销小说，这一点颇为蹊跷。这位曾经当过步兵的作家把军营中无拘无束的风格带入美国通俗小说中——说得具体一

1 劳拉·Z. 霍布森（Laura Z. Hobson，1900—1986），美国女小说家。
2 指 20 世纪 40 年代末至 50 年代初由参议员约瑟夫·麦卡锡发起的一场迫害共产党人和进步人士的运动。在这一运动中很多作家的著作被禁或受到审查，严重打击了美国的文化出版事业。
3 诺曼·梅勒（Norman Mailer，1923—2007），美国著名作家，代表作包括《裸者与死者》、《夜间的军队》等。

点，他的小说中那个3个字母的脏字fug[1]俯拾皆是，以至于有了多萝西·帕克[2]对他的那句著名的问候语："哦，你就是那个连肏字都不会写的年轻人。"

梅勒打开了一扇泄洪闸。1951年，詹姆斯·琼斯的《从这里到永恒》成为当年的畅销小说冠军，赫尔曼·沃克的《凯恩舰哗变》排名第二。用琼斯的话说，这些小说目的在于"揭露战争的罪恶"；或许他应该说，"那场狗娘养的战争"。

劳埃德·C. 道格拉斯讲述使徒彼得故事的长篇传奇小说《伟大的渔夫》明显体现了对待一些重大问题更加深刻的思考。这部小说在1948年排名第一。在成为通俗小说作家以前，道格拉斯是个路德教派牧师。同先于他出道的赖特和华莱士一样，他利用畅销小说作为上帝赐予的向几百万信众布道的讲坛。以色列国的成立也连带提升了他的知名度。道格拉斯在1942年出版的畅销书《圣衣》讲述了关于耶稣受难时最神圣遗物的故事，后于1953年拍成电影，场面壮观宏大，采用了塞西尔·B. 德米尔所拍

1　即四字母脏字 fuck 的委婉说法。
2　多萝西·帕克（Dorothy Parker, 1893—1967），美国女诗人、短篇小说家。

摄彩色影片的色彩风格。由于电影的推动，这部有些过时的小说再次登上了当年畅销书榜的榜首位置。

20 世纪 40 年代中期，犯罪小说甚至比当年《黑色面具》杂志确立该类小说发展潮流时更加冷血。德国解放的过程以及残酷的太平洋战争反映出人性已严重堕落，而其程度之甚在这一类型的小说中可见一斑。W. R. 伯内特[1]的小说《沥青丛林》（1949）以威廉·詹姆斯[2]的那句话开篇："人是所有捕食动物中最令人畏惧的，也是唯一系统性地残杀同类的一种动物。"

畅销小说所塑造的最为残忍的形象当数米基·斯皮兰的系列小说主人公迈克·哈默，该人物首次出现于《我，陪审团》（1947）中。这名治安维持会的私家侦探（前海军陆战队员）集陪审团和行刑者的角色于一身。在小说最后一页，他向一名妇女腹部开了一枪。"这很容易"，哈默在执行完他自行裁定的死刑后总会作这样一句简短的评价。几年时间里，斯皮兰的哈默系列纸皮本小说在销量上超过美国所有竞争对手（要是催得紧，他或许 3 天就能

---

1 W. R. 伯内特（W. R. Burnett，1899—1982），美国通俗小说家。代表作有《小恺撒》、《沥青丛林》（又译作《夜阑人未静》）等。

2 威廉·詹姆斯（William James，1842—1910），美国心理学家和哲学家。

出一本新著）。对于嗜读其书者，许多人深感痛惜，雷蒙德·钱德勒更把其作品称作大猩猩小说。对这样的质疑，斯皮兰总是淡淡回答："大家喜欢这些书。"他们确实喜欢：年复一年，他的小说销量令所有对手黯然失色。

20 世纪 50 年代

在艾森豪威尔时代，人们对于那些内容充实、严肃对待道德困惑或某些"重大"问题、特别适合拍成电影的小说同样如饥似渴。亨利·莫顿·鲁宾逊取得 1950 年畅销书榜头名的作品《红衣主教》讲述了美国天主教会一位红衣主教的生活与磨难（主要涉及性方面）。1954 年，鲁宾逊又凭借《并非陌路》二度登顶。这个故事由多个叙述线条组成，讲述一些年轻人接受医学训练的故事。这一情节模式在日后广受仿效——电视肥皂剧即为一例（肥皂剧和白大褂是天生的伙伴）。

安·兰德的资本主义颂歌《阿特拉斯耸耸肩》[1] 与 19 世

1 安·兰德（Ayn Rand，1905—1982），俄裔美国女作家和哲学家。她的代表作《阿特拉斯耸耸肩》出版后成为美国历史上销量仅次于《圣经》的超级畅销书。

纪 80 年代爱德华·贝拉米的《回头看》[1]一样，使作者的“客观主义哲学”广为人知。对于这种哲学的主旨，我们可以用一种更为直白的方式归纳为“美元教条”。在这部小说中，一个大商人的联合会——“财富创造者”——决定“罢工”，社会因此崩垮，这证明世界需要资本主义：你怎么也躲不开富人。

兰德的这部鸿篇巨制一开始销量一般（1957 年排名第十，比《佩顿镇》落后八位），而到 1984 年已售出 500 万册（也为作者赚了不少教条美元），而且影响了美国许多重要决策者——其中就包括对艾伦·格林斯潘[2]的重大影响。自《汤姆叔叔的小屋》以来，还没有一部小说在政治上产生如此深远的影响。

兰德是 60 年代末期进入畅销小说排行榜的 3 个“俄国人”之一。弗拉基米尔·纳博科夫的恋童幻想小说《洛丽塔》有数年时间被一些神经紧张的人士禁止出版，只能在巴黎地下流传，1959 年终于在美国出版发行。该书出版后迅速登上排行榜首位，但在之后的几个月里受到了鲍

1 爱德华·贝拉米（Edward Bellamy，1850—1898），美国作家和社会主义者，他的小说《回头看》是一部描述未来社会的“乌托邦”式作品。

2 艾伦·格林斯潘（Alan Greenspan，1926—），美国联邦储备委员会前主席。

里斯·帕斯捷尔纳克的《日瓦戈医生》的挑战。在作者所属的国家苏联，这部小说只有地下印刷版。纳博科夫赚得盆满钵丰，帕斯捷尔纳克却只得到一个安慰性质的诺贝尔奖（苏联政府禁止他领取此奖）。帕斯捷尔纳克的小说讲述“自下而上”式的革命，充满鼓动性。在美国中央情报局公关部门的帮助下，小说在西方销量空前，洛阳纸贵。这一情况可谓独一无二。

20 世纪 60 年代

20 世纪 60 年代初，畅销小说排行榜为欧文·斯通[1]数量众多的传记小说所统治。其中的《痛苦与狂喜》（1961 年排名第一）是一部基于米开朗琪罗的生平创作的作品。据作者记录，此书花去他 6 年时间的调研——足足顶得上一个博士学位。这部小说被拍成了电影，具有一种适度的虔诚恭敬，由查尔顿·赫斯顿主演。

斯通的传记式小说卷帙浩繁，而詹姆斯·A. 米切纳的地理小说与之相比也是篇幅惊人。他的首部长篇巨著

1 欧文·斯通（Irving Stone，1903—1989），美国著名传记作家，一生创作了 20 多部名人传记小说。

《夏威夷》在1959年登上美国畅销书榜榜首，而恰恰是在那一年这处太平洋群岛成为美国的一个州。米切纳在小说致谢页中透露，他的写作得到了许多研究小组的帮助。到后来，他似乎已经写尽了地球上值得写的地点，1983年，他的《太空》获得了畅销书榜第二名的成绩。自从费尼莫尔·库珀把老态龙钟的纳蒂·邦坡送到西部（《大草原》，1827）[1]以来，不断会有新的地理区域出现在美国文学作品中，由作家们去穿越游历、探察勘界和讴歌赞颂。

从图书业界的角度看，1959—1960年间最重要的通俗小说，是那部由早已谢世的D. H. 劳伦斯写于30年前、描写英格兰林中私情的爱情小说《查特莱夫人的情人》。这部小说因含有脏词和性描写段落而多年遭禁。而今时过境迁，劳伦斯那部老旧的**主题小说**在经历一连串法庭听证后终获出版许可。由于不受美国版权法保护，此书再版后马上遭到大量盗印，盗版者们热情高涨，是自19世纪80年代那段昔日美好时光以来不曾见到的。大批廉价的再版《查特莱夫人的情人》铺天盖地般地向美国公众倾销，20世纪60年代的“纸皮书革命”似乎也是由此触发的。

1 库珀的《皮袜子故事集》五部曲小说的主人公。

劳伦斯之后的“宽容气氛”为一些探索性文学作品的问世创造了条件，菲利普·罗斯的《波特诺的怨诉》(1969年排名第一)就是这类作品，该小说歌颂了英雄般的犹太式自慰。但这种气氛也纵容了哈罗德·罗宾斯的系列超级畅销小说所展现的那种极其令人作呕的粗鄙残忍。该系列首部小说是《提包客》(1961年排名第五，其纸皮版更为畅销)。这部传记式小说记述了性情古怪的飞行家和电影制片人霍华德·休斯的故事，书中包含露骨的性描写以及更为露骨的性虐待内容。比如，书中有一段说，主人公通过一个烟袋发现了折磨和杀害其母亲的凶手——凶手用这个不幸女人的乳房做成了这个烟袋。这样的情节劳伦斯看了也会震惊不已。

其实读者也可以找到不那么淫秽下流的作品。阿瑟·黑利以《饭店》(1965年排名第一)为起点，开始创作一系列经过缜密调查后完成的小说。《饭店》重写了维基·鲍姆早年同样畅销的小说《大饭店》(1931)。黑利出生于英国，但已彻底美国化；他的小说内容还将涉及机场、银行、汽车厂、医院和发电站。黑利称，他花4年写一部小说：3年调研，1年撰写。在60年代晚期和70年代，黑利成了个点石成金的人，他的作品使美国人懂得了现代美国如何运转。

自二战以来，类型小说发展迅速，已经摆脱了其原来廉价通俗小说身份的局限，而其中的一些顶尖之作更是希图登堂入室，取得高雅文学作品的地位。这一变化主要应归功于这些“类别”小说通过设立评奖机制所实现的自我评价，这些奖项包括埃德加奖（以侦探小说之父埃德加·爱伦·坡命名）、雨果奖（以科幻小说之父雨果·根斯巴克命名）等。而法国知识界对于黑色犯罪小说（包括哈米特、切斯特·海姆斯、吉姆·汤普森[1]等人的作品）推崇备至，又为类型小说增添了一丝深刻高贵的色彩。

除了一些长盛不衰的经典作品（如埃勒里·奎因系列），类型小说还以一些非常规方式向多样化发展。海姆斯凭借其首部“棺材埃德·约翰逊和掘坟琼斯”系列警探小说《哈莱姆之怒》（1967）成功地将弗朗兹·法农[2]式的**黑色风格**和非洲裔美国人的黑人文化认同融于一体。而托

1 切斯特·海姆斯（Chester Himes，1909—1984），美国黑人小说家。吉姆·汤普森（Jim Thompson，1906—1977），美国小说家，以黑色犯罪小说闻名。

2 弗朗兹·法农（Frantz Fanon，1925—1961），著名黑人文化批评家，后殖民主义理论的先驱。

尼·希勒曼[1]则在《赐福之路》（1970）中塑造了印第安纳瓦霍族警探乔·利普霍恩和杰吉姆·奇这两个人物，开创了一种更加另类的警探小说。在犯罪–冒险小说领域最受批评界推崇的作家是埃尔莫尔·伦纳德[2]。从1969年出版《大反弹》开始，他放弃了电影脚本写作，转而投入全新的小说创作，获得了巨大成功。

科幻小说也以类似的方式抬升自身地位（这令其铁杆读者深感不安）。雷·布雷德伯里[3]以《华氏451度》等作品摆脱了科幻小说的窠臼，赢得大量读者，并获取批评界的高度尊敬。《华氏451度》讽刺了一种新的由电视推动的市侩风气。有人酸溜溜地说，布雷德伯里是那些不喜欢科幻小说（或电视剧）的读者最为喜爱的科幻作家。弗兰克·赫伯特[4]的《沙丘》（1965）源于作者为俄勒冈海岸的水土保持而作的研究。这些史诗式小说与阿西莫夫的《基地》三步曲（1951）一样，成了令人膜拜的经典，甚至上了美国的大学讲堂——这是至高无上的褒奖。

1 托尼·希勒曼（Tony Hillerman，1925—2008），美国侦探小说家。
2 埃尔莫尔·伦纳德（Elmore Leonard，1925—2013），美国著名犯罪小说家。
3 雷·布雷德伯里（Ray Bradbury，1920—2012），美国科幻小说家。
4 弗兰克·赫伯特（Frank Herbert，1920—1986），美国著名科幻小说家。《沙丘》是其最著名的代表作。

随着杰奎琳·苏珊的《玩偶谷》(1966年排名第一，一度以史上最畅销小说的身份被收录于《吉尼斯世界纪录大全》)[1]的出版，女性爱情小说进入了新的无拘无束的自由乐土。《玩偶谷》讲述的是3个嗜吃药丸(即“玩偶”)的年轻性感的女性(另一种意义上的“玩偶”)在纽约闯荡的复杂故事，苏珊的小说——她本人极具市场号召力、堪比时装模特的形象促进了其作品的销售——充当了后来众所周知的“紧身围腰撕裂”小说的开路先锋。英国作家莫莉·帕金[2]是这类小说的实践者，她不以为然地称之为“没有贞操裤的女性浪漫故事”。

60年代末的社会气氛带有明显的叛逆色彩，即使纯粹的剧情小说也不例外。一切都在撕裂，不光是紧身围腰，甚至包括美国梦在内。伊莱亚·卡赞[3]的《安排》(1967年排名第一)描写了一个——套用斯隆·威尔逊[4]1955年

1 杰奎琳·苏珊(Jacqueline Susann，1918—1974)，美国女小说家，《玩偶谷》(又译作《迷魂谷》)是其最畅销的小说，出版6个月内就销售出680万册。

2 莫莉·帕金(Molly Parkin，1932—)，英国女画家、记者和色情小说家。

3 伊莱亚·卡赞(Elia Kazan，1909—2003)，美国电影、戏剧导演和作家。曾因导演影片《君子协定》和《码头风云》两获奥斯卡奖。

4 斯隆·威尔逊(Sloan Wilson，1920—2003)，美国小说家，代表作《穿灰色法兰绒套装的男人》曾被改编成电影。

那部畅销小说的书名——“穿灰色法兰绒套装的男人”。卡赞塑造的这个灰衣男人是个香烟广告经理，他有步骤有计划地毁掉了自己辛苦建立起来的功成名就的生活。1964年，美国卫生局局长发布了关于吸烟和癌症关系的毁灭性报告，使小说的背景变得昏灰暗淡。

罗宾·穆尔[1]的《绿色贝雷帽》（1965年排名第五）等支持越战的小说在当时毁誉参半，也反映出当时一个国家被深深撕裂的状况。穆尔的小说被约翰·韦恩拍成电影，由韦恩主演，赢回了他的美国输掉的那场战争。

美国人也还有一致同意的事。迈克尔·克莱顿的科技惊险小说《安德洛墨达品系》（1969年排名第五）是第一部“真正”进入年度排行榜上游位置的科幻小说。这部小说对美国（尤其是美国国家航空航天局）的科学技术大加赞扬；而美国为阿波罗登月计划进行的民族主义宣传也大大促进了小说的销售。越共可能还没有被打败，但苏联却已在两国间的这场登月竞赛中被完全超越，该竞赛由肯尼迪总统于1963年宣布开始进行。1968年，阿瑟·C. 克拉

1　罗宾·穆尔（Robin Moore，1925—2008），美国小说家。代表作包括《绿色贝雷帽》、《法国贩毒网》等。

克根据斯坦利·库布里克的电影《2001》(这部电影本身由这位英国科幻小说家的一部短篇小说改编而成)[1] 而创作的那部小说，同样因受惠于阿波罗计划而大获成功。在随后的几年里，克拉克创作的从《2010》到《2060》[2] 的“十年续集”系列作品都进入了畅销书排行榜，每部作品都洋溢着从他的师父、科幻乌托邦小说作家奥拉夫·斯特普尔顿 [3] 那里学来的对于宇宙的乐观态度。

60 年代晚期和 70 年代，精装本和纸皮本小说都明显呈现出新的销售规模。这种超级畅销书热卖局面的形成，源于马里奥·普佐的《教父》，它的面世畅销颇富传奇色彩。作者后来回忆道：“那时我已 45 岁，欠了亲戚、金融公司、银行、各类赌注经纪人和高利贷者共两万美元债务，确实到了该成大器大赚一笔的时候了。”他的小说果真大赚了一笔，达到了一个新的畅销层次。《教父》之于黑手党犹如阿瑟·黑利之于机场，带来的好处或许更多；

1 阿瑟·C. 克拉克（Arthur C. Clark，1917—2008），英国著名科幻小说家、科普作家和科学家。斯坦利·库布里克（Stanley Kubrick，1928—1999），美国电影导演。电影《2001》全名为《2001 年太空漫游》（*2001: A Space Odyssey*），脱胎于克拉克的短篇小说《岗哨》。

2 克拉克未创作过《2060》，此处疑为《2061》之误。

3 奥拉夫·斯特普尔顿（Olaf Stapledon，1886—1950），英国哲学家和科幻小说家。

另外，为了避免得罪遵纪守法的意大利裔美国人，小说或电影都从未直接称他们为犯罪团伙。

在其后的10年间，《教父》在美国售出1000万册，销量空前。理查德·巴赫的《海鸥乔纳森·利文斯顿》(1970)、彼得·布拉蒂的《驱魔人》(1971)、彼得·本奇利的《大白鲨》(1974)、埃里克·西格尔的《爱情故事》以及埃丽卡·扬的《飞行恐惧》(1974年出版，是《波特诺的怨诉》的女权主义版)都在非常短暂的时间内跨越了这道销量门槛。[1]有些小说，如哈珀·李的《杀死一只知更鸟》(1960年重印)，被视作模范公民教育的教材推荐给一代代美国学童，由于在学校销售，其累积销售总数可能也相差无几，但从来没有像这些畅销书这样卖得这么快。

书卖得快，好书自然也多起来。里根(一贯喜爱畅销书)对此喜欢说：水涨船高。文学史家们视为经典著作的那些小说因20世纪70年代至80年代的书市繁荣而获益匪浅。E. L. 多克托罗的《雷格泰姆音乐》是一部布文谋

---

1 彼得·本奇利(Peter Benchley, 1940—2006)，美国小说家，作品《大白鲨》曾被改编成电影；埃丽卡·扬(Erica Jong，1942—)，美国女小说家，《飞行恐惧》是她的成名作。

图 9《杀死一只知更鸟》（1939）初版

篇机智巧妙的“反二百周年”小说[1],1975—1976年度排名第一。除了荣获销量冠军外，这部小说还夺得诸多文学奖项。诺贝尔文学奖得主索尔·贝娄[2]的《洪堡的礼物》也进入了该年度的前10名。同时上榜的还有朱迪丝·罗斯纳[3]那部宣称“贝蒂·弗里丹[4]误导了我们，女权主义要复杂得多”的情节剧小说《寻找古德巴先生》。

在其后几年，大众图书市场的一个基本特点是频繁出现“高质量的超级畅销书”，如威廉·斯蒂伦的《苏菲的选择》(1979年排名第二)、玛格丽特·阿特伍德的《使女的故事》(1986)、汤姆·沃尔夫的《名利之火》(1987)以及萨曼·拉什迪的《撒旦诗篇》(1989)。[5]很显然，美国人的文学鉴赏力并未因通俗小说的日益走红或畅销小说的畅销而堕落沉沦。悲观主义者在这一点上说错了。

1 这部小说出版于1975年，适逢美国独立战争二百周年前夕。当时美国社会陶醉于所谓美国价值，而小说调子较为伤感，与当时的社会气氛相左。

2 索尔·贝娄（Saul Bellow，1915—2005），美国著名犹太裔作家，1976年获诺贝尔文学奖。

3 朱迪丝·罗斯纳（Judith Rossner，1935—2005），美国女小说家。

4 贝蒂·弗里丹（Betty Friedan，1921—2006），美国女作家、女权主义者。

5 威廉·斯蒂伦（William Styron，1925—2006），美国小说家；玛格丽特·阿特伍德（Margaret Atwood，1939—），加拿大女作家、诗人和评论家；汤姆·沃尔夫（Tom Wolfe，1931—），美国著名作家、记者，美国新新闻运动的发起者之一；萨曼·拉什迪（Salman Rushdie，1947—），英国作家。

新的严肃性

当这个国家正在逐渐接受首次输掉一场战争——而且是输给了穿黑色睡衣的"非正规军"——这一事实时，利昂·尤里斯[1]的《三位一体》于1977年成为排名第一的冠军小说。这本书也是朗凯什的爱尔兰共和军囚犯们最爱看的小说：1981年博比·桑兹绝食饿死前，还在向其狱友高声朗读此书。[2]他们后来回忆，这本书大大加剧了他们的痛苦，而杰克·希金斯[3]的"迪伦"惊悚小说更适合他们的口味。尤里斯那部描写爱尔兰自由战士的英雄传奇味同嚼蜡，但销量是哈罗德·罗宾斯关于杰奎琳·苏珊**基于真人真事创作的小说**《寂寞的少女》的两倍。题材"严肃"是当时的主调。就在同一年，约翰·勒卡雷的《荣誉学童》由于反映了冷战时期道德沦丧日益加剧这一严肃主题，在排行榜上取得了第四名的成绩。

---

1 利昂·尤里斯（Leon Uris，1924—2003），美国历史小说家。《三位一体》是一部以爱尔兰为背景的历史小说。

2 朗凯什是设立于北爱尔兰贝尔法斯特的一座监狱，曾被用来拘押爱尔兰共和军成员。博比·桑兹（Bobby Sands，1954—1981），是爱尔兰共和军成员，在狱中当选为英国下院议员。

3 杰克·希金斯（Jack Higgins），英国小说家哈里·帕特森（Harry Patterson，1929—）的笔名，主要创作惊悚小说。迪伦全名为西恩·迪伦，是其1992年开始出版的系列小说的主人公。

20世纪70年代末，进口英国小说在美国势头看好，尤其是间谍和反间谍小说。1978年是又一个“奇迹之年”，销售成绩较好的小说有格雷厄姆·格林的《人性的因素》、肯·福莱特的《针眼》和勒卡雷的其他几部作品。而身体更加强健、精神更乐观的弗雷德里克·福赛斯[1]在美国的售书数量远远超过英国国内。这类描写勇敢坚毅的间谍或特工故事的惊险小说基本上是一种符合美国人口味的英国特产。像《豺狼的日子》这样的书就很“符合”美国人的口味，这部小说的情节读起来显得非常真实，因此称其为“纪实小说”可能更为合适。而美国人罗伯特·勒德勒姆的“阴谋幻想惊险小说”充满对地下阴谋的奇思怪想，相较而言，实在有些不着边际。

70年代晚期和80年代，畅销小说创作群体的中心出现了一个核心作家群，他们一年能以全价售出一部精装本小说100万册，并且第二年又能以另一本新书重复这一业绩（同时，上一年的那本书又继续以纸皮本的形式再售出1,000万册），这在美国图书零售史上前所未有。这些作家

1 弗雷德里克·福赛斯（Frederick Forsyth，1938—），英国国际政治惊险小说大师，《豺狼的日子》是其成名作。

中斯蒂芬·金当数翘楚。使他进入畅销小说领域的作品是1974年出版的《魔女嘉莉》，这本书开始的销售情况并不乐观，但这种状况并没有持续下去[1]。在其后的四分之一世纪里，金的创作持续高产，从而确立了他作为20世纪的埃德加·爱伦·坡和恐怖小说大师的地位。同时他也成了一部无与伦比的赚钱机器，任何一个出版商如果能够争取到他，就能够击败其他对手。

这一时期的其他顶级畅销书作家还包括詹姆斯·米切纳（长于规模宏大的史诗式作品）、琼·奥尔（创作了一系列颇不寻常的史前传奇小说，首部为《洞熊家族》，1980年排名第一）、罗伯特·勒德勒姆（阴谋幻想惊险小说大师）和丹妮尔·斯蒂尔（创作男性读者同样爱读的女性爱情小说）。他们的精装本小说与60年代畅销作家的纸皮本小说一样畅销。

1984年，汤姆·克兰西以其冷战科技惊险小说《猎杀"红十月"号》崭露头角。小说讲述一艘苏联最新型潜艇叛逃到美国寻求庇护的故事。由于商业出版社怕这部小说技

1 《魔女嘉莉》刚刚出版时精装本只售出了13,000册，但第二年出版的纸皮本售出了100多万册。

术成分过多而未敢问津，此书最初由安纳波利斯的海军学院出版社出版。但实际上公众非常喜欢这部小说，包括里根总统在内。有些人甚至相信克兰西的小说激发了最高领导人的灵感，制定了“600 艘舰艇”战略[1]，而这一计划是最终把苏联拖垮的原因之一。此后克兰西出版的任何一部作品都能在畅销书排行榜上名列前茅。通俗小说家有时似乎有一部神奇的雷达，通过这部雷达，克兰西在《总统命令》（1996 年排名第二）中成功预言了 9/11 事件的发生。

这个黄金核心作家群最为突出的特点是“能够带来滚滚财源”。比如，在 1987 年，销售量位列前三的小说（精装本售价达 20 美元，均售出 100 万册）分别为：金的《绿魔》、克兰西的《爱国者游戏》和斯蒂尔的《万花筒》；此外，金和斯蒂尔还有《一号书迷》（排名第四）和《范恩家事》[2]（排名第八）做他们的最畅销小说的补充。在其后连续几年里，斯蒂尔、金或克兰西的一两本书同时出现在同一年的排行榜中实属司空见惯。倘就单本小说而论，奥尔同样是个重量级人物，但她的作品数量不够多。

1　指 20 世纪 80 年代里根政府为与苏联争夺海洋霸权而提出的海军建设战略。
2　又译《美好的事》、《最称心的爱》。

媒体联动

1988 年,《沉默的羔羊》上映后，托马斯·哈里斯[1]为其史上最为成功的与电影配套的惊竦小说的畅销铺平了道路。他刻画的恶魔般的惯犯汉尼拔·莱克特博士与德拉库拉和弗兰肯斯坦[2]一样，成为大众心目中著名的神秘人物。到 2007 年的《少年汉尼拔》(小说与电影同时酝酿）问世时，哈里斯塑造的精神变态恶魔（在 1981 年的《红龙》中以次要角色出现）被美国电影学院投票评为“电影史上最令人难忘的恶棍形象”，并已成为自歇洛克·福尔摩斯以来通俗小说领域最强大的赚钱机器。

哈里斯的创作慢得出名，约翰·格里森姆与之相比则显得驾轻就熟。从小说《律师事务所》(1991）开始，格里森姆把他的创作变成了一条法律惊险小说输送带。由这条输送带源源不断推出的小说，又无一例外地被改编成一部部取得巨大成功、票房收入极其丰厚的电影作品。他的小说中有一股自由理想主义暗流，吸引着众多本来无暇关

1 托马斯·哈里斯（Thomas Harris，1940—)，美国犯罪小说作家。
2 弗兰肯斯坦是英国小说家玛丽·雪莱（Mary Shelley，1797—1851）的同名小说中的主人公。

注法庭斗士的读者。克林顿总统很喜欢这些小说，格里森姆就是他的克兰西。对于非裔美国作家沃尔特·莫斯利[1]以洛杉矶为背景创作的侦探小说，克林顿读得同样津津有味。托妮·莫里森[2]（1987年畅销小说《宠儿》的作者）称，克林顿是美国第一个“黑人总统”。从其床头阅读物看，这个称号名副其实。

到90年代末，在由他的作品改编的亿元票房电影的推动下，格里森姆的小说仅精装本就能卖出200万册，并且在其后一两年内又可售出5倍数量的纸皮本。2005年，格里森姆的《掮客》在精装本和大众纸皮本畅销小说两个排行榜上同时夺魁，这在历史上是第一次。

格里森姆与斯蒂芬·金不同，金尝试创作了狄更斯式的连载作品（《绿里奇迹》）、电子小说（《植物》）和一些饶有趣味、涉及旧有主题的作品（如《玫瑰疯狂者》中的配偶暴力问题），而格里森姆从未偏离自己的固有创作模式。他的中篇小说《逃离圣诞》（2001）是唯一例外——不可避免地，此书又成了一部占据排行榜头名的作品。

1 沃尔特·莫斯利（Walter Mosley，1952—），美国侦探小说家。
2 托妮·莫里森（Toni Morrison，1931—），美国当代著名黑人女作家，1993年获诺贝尔文学奖。

格里森姆是个精通业务的律师，而迈克尔·克莱顿则是个训练有素的科学家。他运用相同的创作手法，成功推出了一批经过大量缜密研究完成的高科技惊险小说，其中最为引人注目的是《侏罗纪公园》(1990年出版，1993年由史蒂文·斯皮尔伯格[1]拍成电影)。这是一部科学传奇故事，包括巴勒斯"人猿泰山"系列的通俗惊悚元素，间或涉及一些关于混沌理论及斯蒂芬·杰伊·古尔德[2]的间断进化模式的阐释说明。克莱顿的小说中还附有体现作者广博学识的文献条目，究其目的，恐怕炫耀多于宣教。

克莱顿不似格里森姆，时而马失前蹄。《侏罗纪公园》取得了空前成功，《刚果惊魂》(一部涉及同样的达尔文理论主题的幻想小说)则一败涂地。它与阿瑟·赫索格[3]的《杀人蜂》一起，共同造就了电影史上一直以来公认的两部最令人解颐的失败之作。

1 史蒂文·斯皮尔伯格（Steven Spielberg，1947—），美国著名电影导演和制片人，曾执导过《大白鲨》、《辛德勒的名单》、《拯救大兵瑞恩》等影片。

2 斯蒂芬·杰伊·古尔德（Stephen Jay Gould，1941—2002），美国古生物学家、进化生物学家和科普作家。

3 阿瑟·赫索格（Arthur Herzog，1927—2010），美国作家、记者和科幻小说家。

这3位畅销书榜头名作家的小说都因电影与图书之间的互相促进配合而销量倍增。这种效果如此明显，人们甚至怀疑有一种业内人士所说的“尾巴摇狗”效应在起作用，就是说，作家在构思小说时，已经将其想象成电影情节和剧本。

1976年《凶兆》的出版是20世纪美国通俗小说史上的突破性事件之一。戴维·塞尔策[1]在完成电影剧本的同时又出版了它的“小说版”：前者破了票房纪录，后者夺得畅销书排行榜冠军。将电影改写成小说这一领域已有艾伦·迪恩·福斯特[2]等诸多大师，塞尔策与之相比毫不逊色，他的小说版赢得了评论界的赞誉。

新的特点，新的市场

V. I. 沃肖斯基是萨拉·帕热茨基的小说《索命赔偿》（1982）中的人物，而金西·米尔霍恩则是苏·格拉夫顿

1 戴维·塞尔策（David Seltzer，1940—2010），美国电影编剧、制片人和导演。

2 艾伦·迪恩·福斯特（Alan Dean Foster，1946—），美国科幻小说家。

同年推出的《不在场证明》里的主人公。[1]随着这些小说人物粉墨登场，女权主义开始在犯罪小说坚硬的外表上砸出一个凹痕。像柯克船长[2]一样，妇女已经开始大胆涉足以往只有男作家才进入的领域：大男子星球（“金西？——这不是男人的名字吗？”）

凭借小说《验尸》（1990）以及书中塑造的首席医疗审查官凯·斯卡尔佩塔这个人物，帕特里夏·D. 康威尔[3]成为美国图书业历史上作品销量最多、预付稿酬额度最高的女性小说家。斯卡尔佩塔一般不调查案件，而是（如作解剖一般极其仔细地）验看刑事犯罪案件中的死者遗体：她的故事就是关于验尸和福尔马林的传奇。新的世纪到来时，康威尔在多个排行榜上独占鳌头，这对于刑事犯罪小说而言并不多见。类型小说已经不再（或不完全）处于隔离状态。

20 世纪末期，新的市场出现并得到开发与利用。此时年轻读者拥有的可支配收入超过美国历史上任何时期。

1 萨拉·帕热茨基（Sara Paretsky，1947—），美国女侦探小说家；苏·格拉夫顿（Sue Grafton，1940—），美国女侦探小说家，创作了多部以女侦探金西·米尔霍恩为主人公的“字母系列”侦探小说。
2 指美国科幻系列剧《星际迷航》中星际飞船“星舰企业”号的船长。
3 帕特里夏·D. 康威尔（Patricia D. Cornwell，1956—），美国女小说家。

从1979年出版《阁楼里的花》开始，V. C. 安德鲁斯[1]针对年轻读者——主要是女性读者——成功推出了一系列将惊悚元素与家庭生活相结合的古怪作品。《阁楼里的花》就是一部融合安妮·弗兰克、萨德[2]、路易莎·梅·奥尔科特等人的作品特色以及一些古怪猥亵成分的大杂烩。这种鸡尾酒式的小说大受欢迎。到90年代末，安德鲁斯的小说（作者于1986年去世，这些小说有的创作于此后，经特许授权以其名义出版）在全世界共售出1亿册。

将威廉·考茨温克尔[3]小说版的《ET外星人》[4]推上1982年排行榜冠军宝座的是一群更为年轻的读者（或观众）；一年以后，他们又把《绝地大反击的故事》[5]送上榜首。不过，与这一题材的小说本身一样，读者也不再局限于某一特定的群体，成年人也读这些书，就像他们与孩子们一起去麦当劳吃巨无霸汉堡、炸薯条和牛奶冰激凌一

1 V. C. 安德鲁斯（V. C. Andrews，1923—1986），美国女小说家。

2 安妮·弗兰克（Anne Frank，1929—1945），德国犹太少女，二战期间死于纳粹集中营，她被纳粹逮捕前写下的日记在战后发表，引起巨大轰动；萨德（Marquis de Sade，1740—1814），法国著名情色作家。

3 威廉·考茨温克尔（William Kotzwinkle，1943—），美国作家、编剧。

4 又名《天外来客》，1982年史蒂文·斯皮尔伯格导演的经典科幻电影。

5 根据乔治·卢卡斯（George Lucas，1944—）的“星球大战”系列科幻电影中的一部《绝地大反击》改编的电影故事。

样。后来的哈利·波特系列小说及特里·普拉切特和菲利普·普尔曼的作品显现的也是同样的模式。[1]旧的分类在消失，新的类别在形成。一个初二学生或许在课上学了《麦田守望者》或《宠儿》[2]，回家发现妈妈在读《哈利·波特与"混血王子"》。

罗琳受到大众的广泛喜爱，却也因此造成一些尴尬情况。2001 年，《纽约时报》宣布为其全美最可靠的畅销书排行榜新增了一个全新的类别——"儿童图书"，其"目的是把哈利·波特系列图书移出小说类图书排行榜上第一、第二和第三的位置，它们已占据上述位置超过了一年的时间"。

新的千禧年色彩

随着新千年的到来，在畅销小说排行榜的顶端也呈现出崭新的千年色彩。1999 年，杰里·詹金斯和蒂姆·莱

1 特里·普拉切特（Terry Pratchett，1948—2015），英国幻想小说家，创作了著名的"碟形世界"（Discworld）系列奇幻小说；菲利普·普尔曼（Philip Pullman，1946—），英国奇幻小说作家，代表作为"黑暗物质"三部曲。

2 《麦田守望者》和《宠儿》分别是美国作家塞林格（J. D. Salinger，1919—）和托妮·莫里森的小说。

希改编自《启示录》、共有12部的《末世迷踪》系列小说中的第五部《地狱军团》在排行榜上排名第七，销量超过100万册。这一系列的首部小说《末世迷踪》于1995年出版，全系列计划在末日来临的时候（即新千年）出齐，目的虔诚之至。这一系列的最后一部将在圣徒约翰所预言的耶稣二次降临之时出版（不过，为何不在这期间再赚一笔呢？）。

“数字教堂”的出现，汇集了新的宗教信徒，同时——和以前《宾虚》的情况一样——一些传道组织和教会同情支持作者坚定的末世论立场，大量购买和分发《末世迷踪》系列小说，从而大大促进了该系列小说的销售。乔治·W. 布什入主白宫后，右翼宗教势力也成为这种小说的一个读者群体（也是一个政治游说团体），比起辛克莱·刘易斯在《埃尔默·甘特里》中所讽刺的笨蛋或尤德尔[1]需要说服的虔诚信徒，这些人显得更加老于世故。

詹金斯 – 莱希系列的业绩节节高攀，随着末日临近，其销量剧增。2000年这一年，有两部《末世迷踪》系列

1 指前文提到的小说《尤德尔的那个印刷工》中的印刷厂老板，他促使主人公狄克皈依了基督教。

小说进入前十名（分获第二、四名），总销售量为 450 万册。2001 年（一个不祥之年），《亵渎神灵》[1] 夺得榜首之位，是该年美国人读得最多的小说。很遗憾，排队购书者中并没有我主基督，显然末日又未到来。

《末世迷踪》系列预言小说与阿瑟·C. 克拉克的技术乌托邦（和纯粹世俗）小说《2001 太空漫游》构成了两个耐人寻味的极端。在克拉克这个宇宙人道主义作家看来，去往其他星球以及外部空间的“阿波罗计划”就如同是崇拜上帝的事业；而对于神学作家詹金斯和莱希而言，阿波罗（听上去）就是亚玻伦，就是魔鬼撒旦。[2]

丹·布朗于 2003 年出版的《达·芬奇密码》同样是在宗教主题上做文章，内容更加荒诞不经。这部小说的情节有点怪异（当然是恰巧）地与盖伊·索恩[3] 的畅销小说《黑夜来临时》（下章详述）有些相似。在布朗的这部惊悚小说里，一位哈佛大学的符号学教授肩负重任，必须对一幅文艺复兴时期的画作进行破译，找出暗藏其中、能够

1 此书是《末世迷踪》系列的第九部。
2 英文中阿波罗（Apollo）与亚玻伦（Apollyon）两字在拼写上相当接近，而亚玻伦是魔鬼撒旦的别称。
3 盖伊·索恩（Guy Thorne，1874—1923），英国小说家。

证明福音书为满纸谎言的“证据”。他的对手是梵蒂冈的暗杀组织天主事工会[1]，该组织势力庞大，为达目的不择手段。布朗的书后来差不多成为自图书零售业引入准确会计机制以来本世纪内最畅销的小说。

21 世纪的头 10 年，畅销小说业各个方面欣欣向荣。新书目和新题材层出不穷，销量持续上升，各种题材小说之间力量对比此消彼长，变化不定。科幻小说略显颓势，而幻想小说则蒸蒸日上。至于西部故事，尽管 70 年代闪现过“新西部小说”的火花，但马背上的形象已经不再高大。犯罪小说倒是同犯罪本身一样，如雨后春笋般层出不穷，并且两者都有多样化的趋势。

能够与“带来滚滚财源”的四巨头（指格里森姆、金、斯蒂尔和克兰西）比肩的还有詹姆斯·帕特森[2]和 J. K. 罗琳。帕特森每年出一部小说，通常有一位（不起眼的）合作者，2005 年至少有 5 部小说上榜。他曾经解释说，他不是在写小说，而是在让小说“流淌”出来。另一定期出

---

1 天主事工会的名称 Opus Dei 是拉丁语，意为“天主的事工”，是天主教的一个自治社团，现实中的天主事工会与小说中的描写有很大不同，并不从事暗杀活动。

2 詹姆斯·帕特森（James Patterson，1947—），美国惊悚小说作家。

版作品的大腕人物罗琳每隔几年就推出一部哈利·波特系列传奇小说，且每部必然打破销售纪录。汉尼拔·莱克特系列电影也票房火爆。但不时也有（以批评家的眼光看）非常不错的小说进入排行榜，令文化悲观主义者大惑不解。

从长远眼光看，现在能够肯定的只有：1）将来还会有更多的畅销小说；2）这些小说会卖得更好；3）其走向难以预料。

第五章

英国畅销小说

“史前”概况

英国畅销小说发展的文化和商业环境与美国不同。英国始终保持较高的新书零售价格：自 19 世纪 90 年代以来的 100 年里，这种定价方式一直受净价图书协议的正式保护。教育和阶级体系的差异也是造成两国间不同的因素。

但两国畅销小说的大体畅销形态还是相同的。一次性的畅销小说，即那些销得最快的书，生命周期往往也很短。畅销小说中存在着截然不同的两极：一极是孤立的、流行期短但轰动一时的畅销书，另一极指的是那些持续畅销的小说，这类作品有一批老读者对其保持“类型忠诚”，而且这种“忠诚”常常会持续很多年。

先有畅销小说，然后有畅销小说排行榜，正如先有小说，后有小说之谓一样。塞缪尔·理查逊的狂热崇拜者（“帕美拉迷”们）的出现是日后无数类似热情表达的一次预演。我们发现，围绕一些十分走红的小说，从一开始就会出现某些时尚崇拜行为，比如歌德[1]的《少年维特的烦恼》（1742年出版；引发淡黄色长裤的流行和少年自杀潮）、布尔沃[2]的《佩勒姆》（1828年出版；男士们以穿深色西服和模仿拜伦[3]式愁容为时尚）和杜穆里埃[4]的《软毡帽》（1894年出版；引起软毡帽的持久流行）。

随着沃尔特·司各特作品的面世，畅销小说向其现代体系即畅销小说“机器”的形成迈出了决定性的一步。在苏格兰出版商阿奇博尔德·康斯特布尔[5]的天才设计下，每一部《威弗利》式新小说的面市都制造了——用悉尼·史密斯[6]半开玩笑的话来说——“一个举国欢庆的节日”。

---

1 歌德（Goethe，1749—1832），德国著名诗人、作家，主要作品有《浮士德》和《少年维特的烦恼》。

2 布尔沃·李顿（Bulwer Lytton，1803—1873），英国政治家、诗人和小说家。

3 指乔治·戈登·拜伦（George Gordon Byron，1788—1824），英国诗人，浪漫主义运动后期主要人物。

4 指乔治·杜穆里埃（George Du Maurier，1834—1896），英国漫画家和小说家。

5 阿奇博尔德·康斯特布尔（Archibald Constable，1774—1827），英国出版商，出版了司各特的大部分作品。

6 悉尼·史密斯（Sydney Smith，1771—1845），英国牧师、作家。

康斯特布尔采用一种绝顶聪明的销售“噱头”推广司各特的小说。在长达10年的岁月里，每当一部《威弗利》式小说问世（有时一年出3部），都会给人以出自“某位不知名的大人物”笔下的印象。这位神秘作者究竟是谁？**要么是沃尔特·司各特，要么是魔鬼**，玛丽亚·埃奇沃思如此评价[1]。但谁能确定？无论好奇心会让猫怎么样[2]，它至少能卖出小说。

“说大话”之术（“互相吹捧”、“天花乱坠式的宣传”）应当是19世纪20年代的“大话王子”亨利·科尔伯恩的专利。比如，科尔伯恩会暗示，某本小说是某位“显赫人物的手笔”，而此人之名，由于显而易见的原因，尚不能公之于众。又如，（此事更加有名），他竟然声称某本小说发现于一个带血的枕头上。

科尔伯恩“造就”了迪斯累里[3]（1827年出版《维维恩·格雷》）、摩根夫人[4]（1806年出版《爱尔兰野姑娘》）

---

1 玛丽亚·埃奇沃思（Maria Edgeworth，1767—1849），英裔爱尔兰尔女作家。

2 英语中有句谚语：好奇心杀死了猫。此处指好奇心驱使读者购买司各特的小说。

3 指本杰明·迪斯累里（Benjamin Disraeli，1804—1881），英国首相、保守党领袖和小说家。

4 摩根夫人（Lady Morgan，约1776—1859），爱尔兰女小说家。

和布尔沃·李顿（各种类型小说的大师级人物）。尽管他们都因科尔伯恩大吹大擂的推销方法成就畅销之梦，但对此法3位畅销作家都鄙夷不屑，其中最后一位还曾想象，要是耶稣的使徒把福音书手稿拿到他在康多伊特街的宅邸，不知“大话王子”该如何处置。

在梅费尔[1]高级住宅区之外，贫民区里的广大读者们聊以自娱的是一些“廉价惊悚小说”。这些读物通常以劣质纸张印制，配以粗劣的木刻插图。此类连载读物在爱德华·劳埃德[2]等出版商手里，一次可售出100万册。廉价惊悚小说中的“经典”（并非严格定义）之作有J.M.莱莫[3]的囚禁故事《被出卖的埃达》（1845）和托马斯·普莱斯特[4]的《一串珍珠》（1846），人们对根据后者改编的舞台剧《理发师陶德》（别吃那个肉馅饼）[5]更为熟悉。

到了19世纪中期，伴随国民文化水平的提高，乔

1 英国伦敦西区的高级住宅区，是上流社会的代名词。
2 爱德华·劳埃德（Edward Lloyd，1815—1890），英国出版商，他在伦敦的索尔兹伯里广场雇用一批文人炮制了大量抄袭模仿著名作家作品的廉价低俗读物。
3 J. M. 莱莫（J. M. Rymer，1814—1884），英国小说家，主要创作廉价惊悚小说。
4 托马斯·普莱斯特（Thomas Prest，1810—1859），英国小说家。
5 小说中理发师陶德把顾客杀死，把他们的肉做成人肉馅饼出售，因此说“别吃那个肉馅饼”。

治·劳特利奇[1]出版的“铁路小说”使通俗小说得以通过国家运输系统向全国各地发送。尽管如此，中产阶级和受良好教育的精英阶层仍然是规模很小的读者群体。当时那个“伟大的不可模仿的”狄更斯，他创作的连载小说平均每月的销量也只有 5 万册。

与美国相比，英国不仅人少地狭，普通读者大众的文化程度也较低，而读者群体中的精英阶层却更为强大。该世纪的大部分时间里，都有一条明显的深刻裂隙将读者分割开来。中产阶级和上层人士从缪迪先生或史密斯先生[2]处，或者到他们开办的地方流通图书馆借阅体面的精装本小说，而“人民”则饥渴地阅读半便士一本的贫民窟文学，读完后把它们丢到茅厕里。

1870 年颁布的《全民教育法》对于小说市场产生了巨大的推动力，同时也有一些类同化压力，但小说市场的阶层差别仍然存在。例如，19 世纪 90 年代，中上层文化

1 乔治·劳特利奇（George Routledge，1812—1888），英国出版商，创立了劳特利奇出版社。

2 此处的缪迪先生和史密斯先生很可能指查尔斯·缪迪（Charles Mudie，1818—1890）和乔治·史密斯，二人都是 19 世纪英国的著名书商和出版商，前者创立了缪迪连锁租书店。

人士读的是歇洛克·福尔摩斯，该系列小说因在纽恩斯[1]创办的《海滨杂志》（定价6便士的时尚通俗杂志，维多利亚女王还订了一份）上刊登而家喻户晓。一本“新福尔摩斯小说”足以将发行量推向50万。

相比之下，下层文化人士读的是塞克斯顿·布莱克，用多萝茜·L. 塞耶斯（塑造了“阔佬们的福尔摩斯”——彼得·温西爵爷）的话说，是“办公室勤杂工的歇洛克·福尔摩斯”。布莱克的破案故事于1893年开始在《半便士奇观》[2]上出现。布莱克与福尔摩斯不同，他同某个作家的创作生涯没有必然联系。到了20世纪70年代，他还在继续他的破案工作，助手还是“华生”廷克和猎犬佩德罗。多年来，已有多达125个化名和匿名作者写过“布莱克故事”，年轻时的约翰·克里西[3]是其中较为有名的一个。

其实，“塞克斯顿·布莱克写作工厂”[4]（最后被诺思克利夫[5]的联合出版集团收购）的所作所为，与19世纪40

1 纽恩斯（George Newnes，1851—1910），英国出版家，他创办的《海滨杂志》刊登了柯南·道尔创作的大部分福尔摩斯系列短篇小说。

2 19世纪末20世纪初流行于英国的廉价故事报。

3 约翰·克里西（John Creasey，1908—1973），英国著名犯罪小说作家。

4 指故事报《半便士奇观》。

5 诺思克利夫（Northcliffe，1865—1922），英国报业巨子，现代新闻业的奠基人，创立了出版多种期刊的联合出版集团。

年代爱德华·劳埃德手下的那批“索尔兹伯里广场”文人们剽窃狄更斯作品的勾当（比如炮制《尼克威克外传》[1]）没什么两样。不过，19 世纪接近尾声时，威尔基·柯林斯所说的那个“不可知的大众”（“数量需以百万计的大众”）逐渐向文化程度更高、人口数量较少的中等教育阶层转移，那些受雇文人们的写作也随之更为高效。

通俗小说产业的销售额在上升，知名作家的报酬也在提高。到 19 世纪末，玛丽·科雷利、汉弗莱·沃德夫人、乔治·杜穆里埃和霍尔·凯恩等人凭借《软毡帽》、《埃莉诺》、《撒旦的悲伤》和《马恩岛人》等超级畅销小说收入可达 1 万英镑之多。[2] 这些 5 位数收入相当于今天杰弗里·阿彻所能赚取的 7 位数收入。这是个赚钱的行业。

随着三卷本小说——又称“图书馆版”小说——在 19 世纪 90 年代初期走向没落，英国的小说阅读明显经历了一次从借书文化向买书文化转变的过程。查托–温达斯、梅修因等“新”出版商开始在市场上大力推广单卷本

1 显然抄袭了狄更斯的《匹克威克外传》。

2 玛丽·科雷利（Marie Corelli，1855—1924），英国女小说家，《撒旦的悲伤》为其代表作；霍尔·凯恩（Hall Caine，1853—1931），英国通俗小说家，代表作《马恩岛人》以他的出生地马恩岛为背景。

小说，新版售价为 6 先令一本，而更便宜的重印本往往紧随其后。这种“单层”[1] 小说的零售对象既有消费者，也有投机取巧的“两便士”街角租书店。

在 19 世纪 90 年代的顶级畅销小说家中，科雷利是最为张扬的一个，在与同行作家争吵时，她也最咄咄逼人，因为她怀疑他们对她鄙夷不屑（事实的确如此）。与汉弗莱·沃德夫人的《罗伯特·埃尔斯梅尔》相比，《巴拉巴》（1893）在当时更加轰动，书中塑造了一个性情乖戾的人物“犹滴·加略”；[2] 而在市场表现方面，此书比沃德高调宣扬宗教虔诚的作品更为出色。在《撒旦的悲伤》一书中，科雷利塑造了一个小说家主人公，他同魔鬼签定了一个浮士德式的协议，用其灵魂交换一两部畅销小说。果然如此的话，作家们再也不用像乔治·吉辛[3] 那样在《新格拉布街》（1891）中悲叹笔耕之艰辛了。

风格更为“现实”的霍尔·凯恩，其灵感来自维克多·雨果，而非科雷利的写作导师布尔沃·李顿。凯恩的

---

1 原文为“single-decker”，本义为单层公共汽车，这里用来喻指单卷本小说。

2 《巴拉巴》是科雷利根据《圣经》人物巴拉巴的故事创作的长篇小说，书中描写犹大的妹妹犹滴·加略怂恿犹大出卖了耶稣。

3 乔治·吉辛（George Gissing，1857—1903），英国小说家和散文家，代表作包括《新格拉布街》和散文集《四季随笔》。

《马恩岛人》(1894)表达了他对出生地的感情，此书到1900年据说共卖出50万册。1901年，凯恩乘着新千年的大浪[1]推出巨作《永恒之城》。该书预言1950年将出现一个共和国，立国宪章将是基督教主祷文。一位评论者如是评价道："走进凯恩先生的城池更像是跳进了一大锅原始大杂烩之中。"而这锅大杂烩卖得像热烧饼。《永恒之城》据称是英国通俗小说中的首部"快销书"，在一两年内就卖出了100万册。丰厚的稿酬使凯恩在他的岛[2]上俨然帝王一般，他坐着专人驾驶的劳斯莱斯出入他的城堡，令马恩岛居民们惊羡不已。他于1931年去世时，留下25万英镑遗产。

霍尔·凯恩和科雷利的作品在美国销量巨大，而杜穆里埃的《软毡帽》同样表现不俗。《软毡帽》反映的是被作者悄悄打上英国烙印的波希米亚式生活(*vie bohème*)。"菜园派"作家向美国的出口也不负众望。该派的主要代表是伊恩·麦克拉伦，其作品《美丽野蔷薇旁》(1894)

1 此处原文如此，疑为作者笔误。1901年代表新的世纪，而非千年。下文谈到盖伊·索恩的《黑夜来临时》提到新千年也与此类似。

2 指英国与爱尔兰之间的海上岛屿马恩岛，凯恩成名后在岛上购买了一处城堡并长期居住在那里。

在 1895 年佩克的“史上首个”美国畅销小说排行榜上排名第一。麦克拉伦的这部小说是一组佩思郡“德拉姆拓刻蒂”的生活小品，时而伤感做作，时而俏皮滑稽。麦克拉伦的另一部菜园派小说《逝去的美好时光》也上了 1895 年的排行榜（排名第六）。不写小说时，麦克拉伦的身份是约翰·华生牧师，一位不苟言笑的神职人员。

美国人对于苏格兰小说趋之若鹜，对英格兰作品则热情略淡。伦敦对于不那么故作虔诚的菜园派大师 J. M. 巴里倒是情有独钟。巴里借助“斯拉姆”故事在小说创作领域脱颖而出，这些故事又被改编成戏剧登上了伦敦西区的舞台（后来又进军好莱坞）。

爱德华时代的热门书

英国人一边疯狂阅读美国畅销小说，一边也没冷落英国本土的热门小说，但这些作品在美国市场上并不看好。H.G. 韦尔斯的小说在美国从未有过大量读者；萨默塞特·毛姆早年（也是最好）的通俗小说也鲜有问津者。他的半自传体小说《人生的枷锁》（1915）在英国销售大好，而在美国，1934 年的那部电影（巧合的是，这也是使贝蒂·戴维斯[1]在其电影生涯中崭露头角的一部电影）上映之前，此书在排行榜上几乎是影踪全无。

柯南·道尔以福尔摩斯、杰拉德准将和查林杰教授（如 1912 年出版的《失落的世界》）等人物为主人公的系列小说在美国大众市场上当然也深受青睐。道尔塑造的这些人物在民间家喻户晓，但他一直未能取得杰弗里·法诺尔、W. J. 洛克[2]和汉弗莱·沃德夫人 1914 年前在美国市场上那样的成功。

盖伊·索恩的《黑夜来临时》是 1903 年在英国获得巨大成功的畅销小说。小说中一个精通圣经考古学的教授被派往圣地破译一个文件，该文件“证明”耶稣复活从未发生。当时，社会（爱德华时代的人们认识的社会）已开始解体。（当代读者会因丹·布朗于整整 100 年后出版的《达·芬奇密码》（2003）而观察到两个时代存在诸多相似之处。对于广大读者而言，在新千年来临的时候总会有一

1 贝蒂·戴维斯（Bette Davis，1908—1989），美国女演员，曾两次荣获奥斯卡最佳女演员奖。
2 杰弗里·法诺尔（Jeffery Farnol，1878—1952），英国浪漫小说家；W. J. 洛克（W. J. Locke，1863—1930），英国通俗小说家、剧作家。

些怪异之事相随而来）。

对于索恩的这部小说，当时的伦敦主教还在威斯敏斯特教堂自以为是地发表了一通高论。几十年后，指挥阿拉曼战役的蒙哥马利将军称赞这部小说改变了他的一生。（格雷厄姆·格林对玛乔丽·鲍恩[1]发表于1908年的浪漫小说《米兰的毒蛇》表达过类似看法。和蒙哥马利的情况类似，这部小说对格林成年后宗教信仰的形成产生过间接但深刻的影响。）

M. P. 希尔[2]的畅销小说《海王》（1901）同样有点儿古怪另类。那时正值大批犹太难民"涌入"英国，大有占据该国之势，小说在一种恐慌排外的癫狂气氛中下写就。小说主人公自封为"海上的理查国王"，在故事末尾，他组建了一个名为"海上堡垒"的庞大舰队，来保卫他可爱的绿色家园。主人公和那位"狮心"同名人一样[3]，在他的旗舰"布达"号上颁布反犹法令。英国人可以安稳地睡觉了。

1 玛乔丽·鲍恩（Marjorie Bowen，1885—1952），英国女小说家，《米兰的毒蛇》是她发表的第一部小说。

2 M. P. 希尔（M. P. Shiel，1865—1947），英国小说家。

3 同名人指英国国王理查一世（1189—1199年在位），他禁止犹太人入境。他在位期间，伦敦发生了屠杀和迫害犹太人的事件。一些犹太人被迫接受洗礼，入基督教。理查因此得名为"狮心理查"。

种族歧视可以大大推动小说的销售，爱情和异域风情同样如此。爱德华时代销量最大的“大销小说”（那时的名称）是《蓝色珊瑚礁》（1908），该书的作者有个沃德豪斯式的名字，叫做 H. 德·维尔·斯塔克普尔[1]。在这部鲁滨逊漂流记式的小说里，两个 8 岁大的孩子迪基和埃米琳因沉船事故而漂流到一个荒岛上。在岛上度过的那些（快乐的）岁月里，他们掌握了生存的技能，发现了（还未到承诺年龄[2]的）“长久亲吻”的乐趣，还品尝了为人父母的甜蜜，而个中缘由他们却从未弄清。

斯塔克普尔的南海田园诗式小说代表了爱德华时代逃避主义的最高境界（*ne plus ultra*），也是一部体现通俗小说之间彼此吸收借鉴的典型作品。这部小说情节的基本设定可以通过巴兰坦[3]的《珊瑚岛》回溯到克鲁索孤身一人流落到原始荒岛的故事。说得近一点儿，这部小说还吸收了 E. 内斯比特[4]的《铁路边的孩子》（1906）中的成分——

1　H. 德·维尔·斯塔克普尔（H. De Vere Stacpoole，1863—1951），英国维多利亚时期小说家。

2　这里指在西方男女双方互相同意的情况下可以发生性行为的最低年龄。

3　巴兰坦（R. M. Ballantyne，1825—1894），苏格兰作家，著有儿童故事《珊瑚岛》。

4　E. 内斯比特（E. Nesbit，1858—1924），英国女儿童文学作家、诗人。

这个故事中有3个孩子被大人丢下，独自呆在“三烟囱小屋”里。詹姆斯·希尔顿在《失去的地平线》线中描绘的香格里拉是喜马拉雅地区的“蓝色珊瑚礁”。《蓝色珊瑚礁》的情节元素在《蝇王》[1]里再次浮现，不过意思正好相反。这些元素甚至在2004年的电视剧集《迷失》中仍然依稀可见。

在罗伯特·希琴斯[2]的小说《安拉的花园》(1905)中，读者只需花上6先令就能逃离现实，到火热的东方沙漠游历一番。希琴斯的这部撒哈拉传奇弥漫着一股在许多爱德华时代的畅销小说中都能嗅到的宗教味道（该书的标题暗指一个阿拉伯谚语——当然也许不比腊肠和土豆泥更有阿拉伯味[3]——“沙漠是真主安拉的花园”)。

“流浪小说”提供的逃避却不那么遥远；从一家家排屋的前窗就能看到街道上的路人。“快乐浪子”这一情节模式由W. J. 洛克始创于《招人喜爱的浪子》(1906)。洛克书名中的浪子（比“流浪汉”一词顺耳得多）伯齐利厄

1 英国作家威廉·戈尔丁（William Golding，1911—1993）的代表作，小说讲述了一群因意外事故流落到荒岛上的男童自相残杀的故事。

2 罗伯特·希琴斯（Robert Hichens，1864—1950），英国小说家。

3 意思是这个谚语也许并非源自阿拉伯人。腊肠和土豆泥都是英国俚语中的词汇。

斯·尼比巴德·帕拉戈是个“四处游荡的哲人”和一个贪杯嗜饮的加斯科涅人[1]。他喜好(无休无止地)大谈生活哲理，宣扬浪迹江湖之光荣与自由。(E. M. 福斯特[2]在其1910年出版的《霍华德庄园》里，在描写伦纳德·巴斯特月下散步时还不忘对这部小说冷言相讥。)

洛克在美国和在英国一样受欢迎，他的小说战前经常在排行榜上名列前茅，他也因此收入丰厚，每年估计能赚15,000英镑。这可是在劳合·乔治[3]推行首个养老金制度的年代，那时，70岁以上的老人每周能领到5先令。韦尔斯后来在《波利先生传》(1910)等小说里对“快乐浪子”这个主题又进行了开掘，而杰弗里·法诺尔的《宽阔的公路》(同样出版于1910年)靠这一主题更是赚得盆满钵丰。法诺尔的小说以19世纪早期为时代背景，他的作品使后世所称的“摄政时期传奇”[4]家喻户晓。其后，这

1 加斯科涅是法国西南部一地区，该地区的人喜欢夸口吹牛。
2 E. M. 福斯特（E. M. Forster，1879—1970），英国作家和散文家，代表作有《霍华德庄园》和《印度之行》。
3 劳合·乔治（Lloyd George，1863—1945），英国首相，自由派政治家，英语是其第二语言。
4 摄政时期指英国1811—1820年间乔治三世精神失常后由其子摄政这一时期。

一类型的小说又因乔吉特·海尔[1]而享誉文坛，由于芭芭拉·卡特兰而流于粗鄙浅陋，到现在又被米尔斯–布恩出版社推向大众市场。

同洛克一样，法诺尔在美国也大红大紫。他的《宽阔的公路》是 1911 年美国最为畅销的小说。但在 20 世纪最初的 10 年间，大西洋两岸最畅销的小说是弗洛伦丝·巴克莱的《玫瑰园》(1909)。巴克莱的丈夫是一名神职人员，她曾经热心于伦敦东区的慈善事业。19 世纪 90 年代，巴克莱因病魔缠身而开始写作小说。《玫瑰园》的灵感来自一首流行歌曲。加莱斯是否真的爱她？简·钱皮恩百思不解。她在加莱斯双目失明后主动来照顾他，而他并不知道谁在照顾自己，在这期间，她找到了答案。《玫瑰园》第一年在英国卖出 15 万册，1910 年夺得美国畅销小说排行榜冠军。这部小说在美国所赚利润极其丰厚，该书的出版商帕特南公司干脆把他们的大楼重新命名为玫瑰园，而虔诚的巴克莱则把她的巨额收入悉数捐给慈善组织。

1 乔吉特·海尔（Georgette Heyer，1902—1974），英国女小说家，尤以历史传奇小说闻名。

一战和通俗小说

与巴克莱相比，A. E. W. 梅森[1]明显不太符合美国人的口味（直到他受到好莱坞垂青）。他的《四片羽毛》（1902）记述了哈里·费弗沙姆在苏丹懦弱可鄙的表现以及后来他以自己的英勇行为完成自我救赎的过程。虽然梅森的小说让那片白色的羽毛成为某种象征性图像，醒目地出现在大后方，但在20世纪接下来的10年爆发了第一次世界大战，梅森所歌颂的那种“战死光荣”的尚武精神面临巨大的压力。数以百万计的费弗沙姆们战死疆场，究竟是为了什么呢？

阵亡士兵的亲属不可能去问为什么。战争期间，维持士气的是伊恩·海[2]的纪实性小说《前线十万》（要是死亡数量停留在1914年的这个水平该多好）等作品。海对于不列颠民众全体动员准备战斗的描写在美国收效甚佳，英国作战部遂决定将他派往那里，与霍尔·凯恩一起为国家作宣传工作（霍恩报怨说这一任务让他少赚了15万美元，

1 A. E. W. 梅森（A. E. W. Mason，1865—1948），英国作家，一战期间曾在英国军队服役，《四片羽毛》是其最著名的小说。
2 伊恩·海（Ian Hay，1876—1952），英国小说家和剧作家。

显得缺乏爱国心）。

A. S. M. 哈钦森那部空前成功的小说《如果冬天到来》（1927），反战情绪与战后失望感兼而有之。此书是德国人所谓的 *Heimatkehrliteratur*（返乡小说）的最佳代表。哈钦森的这本书出版第一年在英国即售出 10 万册，1922 年在美国排名第一。书中人物退伍军官马克·萨布尔生活的社会，是一个充斥恶棍、花花公子、佛口蛇心的奸商、玩忽职守的官员和泼辣不忠的婆娘的世界。神职人员都以他的境遇作为例子向人们布道。

沃里克·迪平的《索雷尔父子》（1925）把这一题材的作品推向了一个更高的水平。这部小说讲述一个退伍军官为了让儿子接受绅士教育不惜到宾馆做搬运工的故事[1]。但没有什么勋章足以表彰这样的英勇事迹。

士兵的故事，只要远离战壕，这个时期仍有其诱人之处。P. C. 雷恩的《火爆三兄弟》（1924）到 1960 年为止已经出了 51 个英语版本。这是“外国军团”小说中流行最久的一部，被拍成电影的次数也最多。该书借用

1 狄更斯的《远大前程》中有类似情节。曾经被流放澳大利亚的罪犯马格韦契通过暗中资助主人公“匹普”接受绅士教育来实现自己的绅士梦想。

了奎达[1]1867年的畅销小说《双旗下》的情节，又吸收了希琴斯“燃烧的沙漠”式的神秘元素——现实生活中的读者到不了撒哈拉，最多只能去马盖特海滩。而在伊迪斯·M.赫尔那部大获成功的《沙漠情酋》(1921)里，撒哈拉的沙漠燃烧得更加激情火热，而雷恩在他的小说里又对这样的浪漫故事有所修正，增添了阳刚的现实色彩。

两次大战之间问世的英国畅销小说不少都带有些故意安于平庸的倾向，而雷恩是这类小说的典型代表。他曾沾沾自喜地说：“我的读者大多数是头脑干净、充满朝气的户外型人士，男女都有……我不是个‘专业小说家’，也不是个长发披肩的文侩。”在这种语气坚定的“正常”声明中，我们还是能够感受到19世纪90年代奥斯卡·王尔德的审判对于社会产生的冲击。[2]

迈克尔·阿伦(原名迪科兰·库约乌姆德季扬)的《绿帽》(1925)使读者领略到了一种世界主义式的世故。小

1 英国女小说家玛丽亚·路易丝·拉梅(Maria Louise Ramé，1839—1908)的笔名，她主要创作爱情浪漫小说。

2 奥斯卡·王尔德(Oscar Wilde，1854—1900)，爱尔兰作家、诗人，19世纪末英国唯美主义运动的代表人物，曾因其同性恋身份遭逮捕受审。

说颇为大胆的“上流梅毒”主题据说使他赚到了50万英镑。由于小说的巨大成功，阿伦于20年代中期移居好莱坞。要是还有人记得他，他就是《查特莱夫人的情人》里的那个“麦考利斯”[1]。

英国类型小说

20世纪早期，英国在不少类型小说领域足可以世界领袖自居。概括起来，这些类型小说有以下7种：

（1）家庭教师小说：在勃朗特之后最杰出的代表是维多利亚·霍尔特／琼·普莱迪[2]；

（2）撒哈拉传奇故事：代表作家为罗伯特·希琴斯和伊迪斯·M.赫尔；

（3）鲁里坦尼亚浪漫传奇：由安东尼·霍普[3]首创，

1　麦考利斯在小说中是查特莱先生的朋友、查特莱夫人的情人，为人自以为是、自私软弱。

2　勃朗特指夏洛蒂·勃朗特（Charlott Bronte，1816—1855），英国19世纪著名女作家，代表作《简·爱》中的同名女主人公是一名家庭教师；维多利亚·霍尔特（Victoria Holt）和琼·普莱迪（Jean Plaidy）都是英国女小说家埃莉诺·希伯特（Eleanor Hibbert，1906—1993）的笔名，她一生中创作了大量历史小说和浪漫小说。

3　安东尼·霍普（Anthony Hope，1863—1933），英国小说家，他在其最著名的传奇小说《曾达的囚徒》中虚构了一个东南欧浪漫王国鲁里坦尼亚。

代表作为《曾达的囚徒》(1894),埃里克·安布勒[1]的《迪米特里奥斯的面具》(1939)把这种小说推向巅峰;

(4)化妆粉和假发套小说:这是一类男性摄政时期小说,因斯坦利·韦曼[2]而流行,而这一题材的创作者中最为成功的是休·沃波尔[3],其代表作品是《恶棍赫里斯》系列小说;

(5)泥土与忧郁传奇:其先驱是玛丽·韦布(《躲入地下》,1917;《十足的祸端》,1924)。斯特拉·吉本斯的《难以令人宽慰的农庄》(1933)以一种不失温馨的方式模仿、戏谑了这类作品[4];

(6)海盗传奇:拉斐尔·萨巴蒂尼是该类小说的创作大师,其作品包括《海鹰》(1915)以及更为著名的《布拉德船长传奇》(1922)。乔治·麦克唐纳·弗雷泽[5]认为

---

1 埃里克·安布勒(Eric Ambler,1909—1998),英国小说家,作品以间谍小说和犯罪小说最为著名。

2 斯坦利·韦曼(Stanley Weyman,1855—1928),英国小说家,以其描写摄政时期故事的历史传奇小说最为著名,被誉为"传奇小说"王子。

3 休·沃波尔(Hugh Walpole,1884—1941),英国20世纪二三十年代畅销小说家,作品以题材多样、善于细节刻画著称。

4 玛丽·韦布(Mary Webb,1881—1927),英国女小说家;斯特拉·吉本斯(Stella Gibbons,1902—1989),英国女作家、诗人。

5 乔治·麦克唐纳·弗雷泽(George Macdonald Fraser,1925—2008),英国作家。

后者是“20 世纪未被认可的伟大小说之一”，但人们对此并不认同，1935 年那部由埃罗尔·弗林[1]主演的电影可能在这方面也没给小说帮上什么忙；

（7）米尔斯 – 布恩爱情故事：这个出版商在 20 世纪 20 年代开始出版针对女性读者的小说，几乎每个故事都围绕那个永不过时的诱人话题——“伟大的寻夫运动”。在该公司旗下的众多作家中，鲁比·M. 艾尔斯[2]是出类拔萃的一个。她每年创作 4 部小说，一生共创作了 150 部作品（首作是 1912 年的《西班牙城堡》）。有人计算，艾尔斯共售出约 1000 万本小说。

在此期间，所有这些题材外加其他一些类型的小说均获得长足发展，吸引读者几百万，但在大战间隙英国最受好评的小说类型是“黄金时代”侦探小说。这种小说的主要构成元素包括乡间别墅、古怪的侦探大师、福尔摩斯式的业余侦探和茶叶里的氰化物。该类小说的“女王”是阿加莎·克里斯蒂，她的处女作是《斯泰尔斯庄园奇案》。此书完成于 1916 年她参加战时护理期间的一个假期中，

1 埃罗尔·弗林(Errol Flynn, 1909—1959)，澳大利亚著名演员，主演了《侠盗罗宾汉》、《布拉德船长》等影片。

2 鲁比·M. 艾尔斯（Ruby M. Ayres，1883—1955)，英国女小说家。

展现了她作为一名年轻作家的超常天赋。在这部小说里，一个从英勇不屈的小国比利时来英国避难的侦探赫尔克里·波洛首次登场。而在他的祖国解放后很久，他仍留在英国清理乡间别墅。

有一个名为“侦探俱乐部”的小说作者组织，专司设计规则、制定写作及阅读的标准，在其运作下，那些“温馨舒适型侦探小说”（本指放在茶壶上的毛制保暖罩）变得越来越新颖独特。温馨舒适同样是多恩福特·耶茨的《贝里公司》（1920）的气候特征。在其之后推出的“贝里书”以一连串延伸故事的形式，续写“幸福家庭”普莱德尔一家在汉普郡乡间邸宅“白色夫人”的生活。这套贝里家世小说结构松散，语带讥讽，时间跨度是从 1907 年到 1950 年，颂扬了坚不可摧的英国绅士阶层以及他们先后战胜德国皇帝、世界大萧条和希特勒而生存下来的能力。可是面对工党政府呢？即便贝里家族，也非战无不胜。

惊悚（刺激）小说圈

耶兹也是“俱乐部区惊悚小说”题材的开拓者，他的系列小说主人公是威廉·钱多斯。该系列以小说《死角》（1927）开始。钱多斯与萨珀笔下的上层社会浪荡子“斗牛狗”德拉蒙德如出一辙，代表一种颇具英国特色的“暴力假绅士作风”。在耶兹的这套系列小说开始的时候，钱多斯刚刚被从牛津调来镇压共产党人，而斗牛狗式暴力行为一般是针对世界各地的犹太人。与他们的直系后代詹姆斯·邦德一样，他们的伟大工程是把英格兰从非英格兰人手中拯救出来。

约翰·克里西——最为多产的俱乐部区小说作家，共创作了约 600 部小说——1938 年在他的作品中引入了一个“公子哥儿”形象。这个人物与上文那两个派头十足的莽夫相比，“尊敬的”理查德·罗利森是个更招人喜爱的家伙，从外表上看是个有钱的花花公子，但表象后面的那个人并非救世主，而是个现代罗宾汉。莱斯利·查特里斯[1]笔下的**侠盗圣徒**（化名西蒙·坦普勒）更像奥切女男爵[2]所写的“红花侠”系列小说中的“绅士复仇者”。这个

1　莱斯利·查特里斯（Leslie Charteris，1907—1993），英国小说家、编剧。
2　奥切女男爵（Baroness Orczy，1865—1947），英国匈牙利裔小说家和画家，代表作为《红花侠》及其后出版的一系列描写法国大革命时期故事的历史小说。

人物诞生于1928年，因受惠于广播、电视和改编电影的影响，在半个世纪以后仍然活力不减。

1928年，萨默塞特·毛姆的《阿申登》勾画了间谍惊悚小说的最初轮廓。故事素材源于一战期间作者本人在新成立的军情六处的亲身经历。对此毛姆曾经语气平静地提到，他被单独派往俄国去“阻止布尔什维克革命”。这个任务也许007刚刚完成。

毛姆并没有将他具有高度原创性的（“秘密特工”）构思深入发展下去。早期间谍惊悚小说的积极践行者当中，作品畅销时间最为持久的是苏格兰人约翰·巴肯[1]。巴肯在法律界和官场飞黄腾达，工作之余抽空写了一些他所说的“骇人的东西”。《三十九级台阶》（1915）为他带来畅销作家之誉。另有4部“骇人之作”相继面世，其原始素材是理查德·汉内的英勇事迹，他是在南非工作的采矿工程师，也是一个时刻准备为国家效力的秘密特工。今天已经无人记得巴肯曾经担任的最高公职——加拿大总督，但他的“汉内”小说仍不绝于市，《三十九级台阶》还时常被改编成剧本搬上影视屏幕。

1 约翰·巴肯（John Buchan，1875—1940），苏格兰政治家和作家。

“惊悚小说”很大程度上是两次大战之间的英国特产。而在俱乐部区小说体系之外还有一些惊悚小说作家，他们拥有更加广泛的读者群体，其中又数埃德加·华莱士的读者最众（根据有的算法，达到成年人口四分之一）。他的支持者们（如今已少了很多）宣称，华莱士的《四侠士》（1904）首开惊悚小说创作的先河，书中的4位侠士是4个无比高尚的国际斗士，为拯救文明无所不用其极（甚至包括谋杀）。华莱士创作了大量小说，富有传奇色彩。他还创造了“河官桑德斯”这一人物形象。桑德斯是一个地区行政官，他用加特林机枪把文明带入黑暗的中心[1]。华莱士卒于1932年，此前他正计划如何把大猩猩金刚的故事改编成好莱坞电影。华莱士共创作了175部小说，有160部电影是根据他的作品改编的。

如果华莱士是国王，那么30年代才登上文坛的丹尼斯·惠特利[2]就是“惊悚小说王子”。他也写了4个侠士，领头的是德·里奇洛公爵。比起华莱士的4位侠士，这些人怀有更加狂热的反布尔什维克情绪。在18部小说中，

1 英国作家康拉德的《黑暗的中心》与此有些类似。
2 丹尼斯·惠特利（Dennis Wheatley，1897—1977），英国小说家。

他们不知疲倦地打击共产主义者，并与纳粹分子展开较量。60年代，惠特利梅开二度，开始写作魔鬼惊悚小说，其中最著名的作品（主要得益于哈默公司拍摄的那些影片[1]）是《魔鬼出击》。一个关于惠特利的网页如是写道："在惠利特 [1977年] 去世30年后，他的书几乎从书店全部消失。以前，W. H. 史密斯零售店[2]里放满了他的作品，现在这些书已经踪影全无。"

格雷厄姆·格林（他的书在沃特斯通的书架还能找到，在史密斯书店未必常有）预见到了惊悚小说的潜在市场并在1932年出版的"娱乐小说"《伊斯坦布尔列车》中着手开发这一市场潜力。格林同埃里克·安布勒一样，在整个创作生涯中都努力为阅读经验更加丰富的读者开创出一种不落俗套的惊悚小说。

污水坑惊悚小说

也有不少小说，虽较逊色却更畅销。英国有自己的

1 哈默电影公司（Hammer Film Productions）是英国的一家制作小成本电影的公司，在20世纪六七十年代拍摄了大量惊悚恐怖影片。

2 英国出版物零售商W. H. 史密斯集团开设的连锁零售店，出售报纸、杂志、书籍、文具等，主要开设在英国各地的商业大街、火车站、机场等处。

“冷血”犯罪小说——这一领域的领军人物是彼得·切尼[1]。切尼骨子里是个伦敦东区人（其父开过鱼档），他最有名的系列主人公是《此人危险》(1936）中首次亮相的“联邦调查局特工”（美国佬）雷米·考蒂恩（意即“让我警告你”)。40年代，切尼如日中天，一年内著作销量超过100万本。尽管他为国内的文学界所不齿，在美国也湮没无闻，但在法国却得到知识界人士的顶礼膜拜。让–吕克·戈达尔[2]的“新浪潮”电影《阿尔法城》中的主人公就叫雷米·考蒂恩。

同样令人费解的是，法国知识界对詹姆斯·哈德利·蔡斯[3]态度要比乔治·奥威尔好得多。蔡斯的《没有兰花给布兰迪希小姐》(1939）——包含关于美国黑帮的淫秽内容——为奥威尔提供了灵感，使他写下了那篇著名文章《废物与布兰迪希小姐》。在奥威尔看来，蔡斯的畅销小说是“纯粹的法西斯主义”：同希特勒一样危险，而且更难阻止。

1 彼得·切尼（Peter Cheyney，1896—1951)，英国犯罪小说作家。

2 让–吕克·戈达尔（Jean-Luc Godard，1930—)，法国著名电影导演，“新浪潮”电影的代表人物之一。

3 詹姆斯·哈德利·蔡斯（James Hadley Chase，1906—1985)，英国小说家，创作了大量犯罪小说。

以汉克·简森（很多匿名作者假托此名写书）名义出版的小说也属于伪美国货、冷血犯罪和穷人的斯皮兰这一套路，只是更为低俗。首部以此名登场的作品是《当夫人们变得厉害》（1947）。体面的书店不会经营这种货色，地方法官也频频过问，但"简森们"却能通过其他渠道售出几十万册此类小说。

大萧条时期的小说

1929年的经济崩溃以及其后的大萧条，对畅销小说以及英国社会生活的方方面面都产生了深远影响。这种影响不仅在沃尔特·格林伍德[1]的《受救济岁月的爱情》（1933）等小说中清晰可见，在（笔调通常轻松乐观的）J.B 普里斯特利[2]那部有关伦敦办公室生活的系列喜剧《天使人行道》（1931）中，也成了贯穿其中的阴郁基调。其实，通俗小说业绩不俗本身就是经济萧条时期的一个特征：对于那些闲暇有余、收入不足的人而言，小说是他们当时能

1 沃尔特·格林伍德（Walter Greenwood，1903—1974），英国小说家。
2 J. B. 普里斯特利（J. B. Priestley，1894—1984），英国作家，以小说和戏剧作品闻名，小说《好伙伴》是他最著名的作品。

所买到的最为廉价的奢侈品之一。《天使人行道》虽然调子有些阴郁，却为普利斯特利带来不少实惠，被他戏称为“我的喷金井”。在30年代，这样的喷金井寥寥可数。

《青山翠谷》(1939)被称为“英国的《愤怒的葡萄》”，该书的调子更加愤怒，涉及的社会阶层也更广。这部格调激愤的家世小说出自理查德·卢埃林之手，描写威尔士矿工的艰辛生活。此书在头一年即重印20次，似乎在重复着威尔士亲王那句绝望的感叹:“确实得采取点儿措施了”。

战前(英国)畅销小说的霸主是A. J. 克罗宁。《城堡》(1937)通过出版商维克多·戈兰茨[1]精明巧妙的市场推广，头半年就出了14版。根据记载，该书到1942年的时候在英国已售出了304,000册。《城堡》采用*Bildungsroman*(成长小说)的形式，讲述苏格兰医生安德鲁·曼森的职业生涯，他因为“渴求物质上的成功”而几乎丧失良知。那么安迪医生[2]会不会为了在哈雷街[3]和当红医生名录中占据一席之地而出卖灵魂呢？在经历了许多痛苦煎熬后，他

1 维克多·戈兰茨(Victor Gollancz, 1893—1967)，英国出版商，创立了维克多·戈兰茨出版公司。
2 指安德鲁·曼森医生，安迪是安德鲁的昵称。
3 哈雷街是伦敦的一条街道，以汇集众多私人医院和著名医生而闻名。

最后给出了否定答案。《城堡》这部小说，特别是书中那个英雄式的主人公，那个四面楚歌的年轻医生，使“医院情节剧小说”在英国广受欢迎。后来在无数米尔斯－布恩出版社出版的浪漫小说或电视肥皂剧中都能发现这一小说的影子，甚至在理查德·戈登[1]的战后喜剧《家有医生》中也能间接地找到这部小说的影响。克罗宁的这部小说，连同他一两年前推出的“芬利医生案例”系列故事，也许还为国民保健制度的建立打下了某种基础。

20世纪40年代

二战时期英国人所读的书与战前差别不大，其后几年的情况也与此类似。当时人们没有太多选择。受纸张定量供应和政府部门控制的影响，图书业只能原地踏步，而其中畅销小说这一块在整个战争期间都处于停滞状态。畅销小说冒泡的“嘶嘶声”底气不足，而blockbuster一词令人想起的是从兰开斯特轰炸机（运气不好的话，会是海

1 理查德·戈登（Richard Gordon，1921—），英国小说家、电视编剧，早年曾做过麻醉师和外科医生，主要创作医疗题材的小说或剧本。

因克尔轰炸机）上扔下的炸弹，[1]而不是玛格丽特·米切尔的小说。格雷厄姆·格林的《恋情的终结》在头几章就已显现出当时文化生活凋敝的状况，而在乔治·奥威尔的《一九八四》(1949年出版，写的显然是1948年的事）的开头部分，这种感觉更为真切。温斯顿·史密斯的胜利大厦里没有畅销小说，而在格林那本小说的开头，莫里斯·本德里克斯的风车酒吧也不会有麦芽威士忌酒。[2]

纸皮本小说——尤其是企鹅版和米尔斯－布恩出版社的纸皮本小说——在战争期间大行其道。艾伦·莱恩的公司在当时严格的“战时管制”下，推出了一批相当出色的重印本小说。女性爱情小说得到长足发展，填补了大量男性人口缺失造成的真空。40年代，乔吉特·海尔和芭芭拉·卡特兰成为分别统治两块领地的摄政女王：一块是高地，一块是低地。[3]

精装本小说在40年代是一批久负盛名的作家的天下。

---

1 兰开斯特轰炸机是二战期间英军的一种大型轰炸机，海因克尔轰炸机是二战期间的德军轰炸机。

2 温斯顿·史密斯和莫里斯·本德里克斯分别是小说《一九八四》和《恋情的终结》的主人公。

3 海尔的小说多描写上流社会女性的爱情故事，而卡特兰作品的女主人公多是出身低微的平民女子，因此说她们一个统治了高地，一个统治了低地。

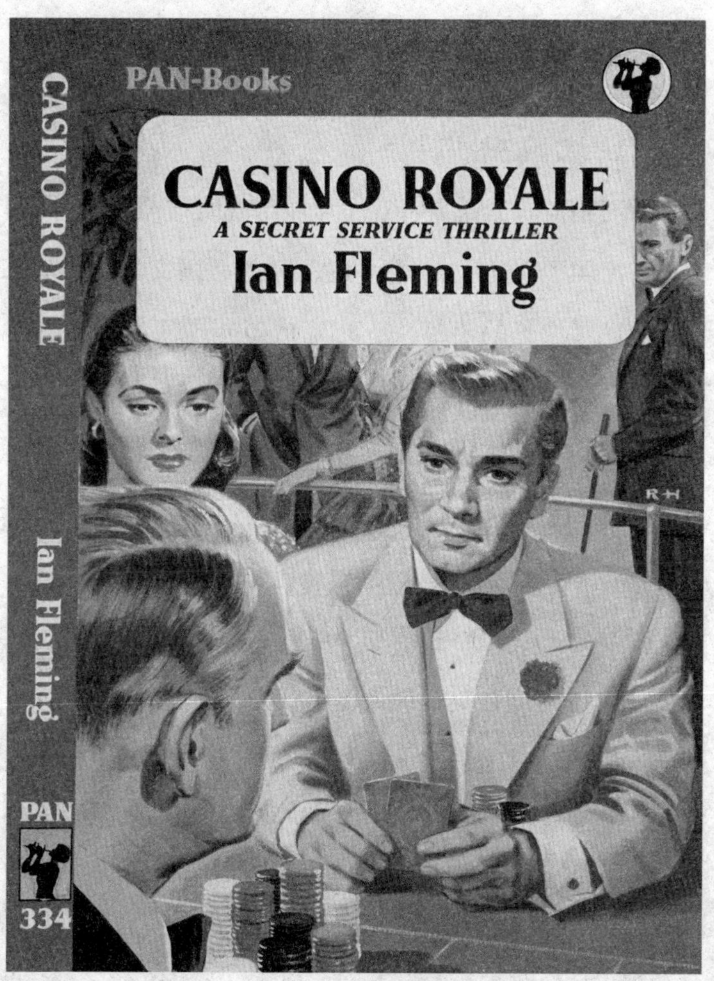

图 10《皇家赌场》：20 世纪 60 年代大众市场纸皮版

在 W. H. 史密斯集团和业界发行物发布的排行榜中，克罗宁、希尔顿、杜穆里埃、惠特利、H. E. 贝茨[1]和克里斯蒂等人的作品年复一年被评为全国各个商业大街的书店里“需求量最大”的图书。

该时期的一个重要特点（可能与战时结盟有关）是，市场上出现了一批“文学”味道更浓的美国文学作品。斯坦贝克的《愤怒的葡萄》是英国 1940 年购买量最多的新书之一。他那本有关斯堪的纳维亚人抗击纳粹占领的《月落》（1943）同样受人青睐。欧内斯特·海明威因《丧钟为谁而鸣》（记录另一场战争[2]的小说）之故，1940—1942 年间作品销量在英国首次超越（比方说）丹尼斯·惠特利。劳埃德·C. 道格拉斯那部解释福音书的小说《圣衣》1943—1945 年间在美国销量遥遥领先，在英国也很畅销；同样走红的还有凯思琳·温莎的《永远的琥珀》（1946），这部小说描写王朝复辟时期轻佻女子的轻浮故事（因与事实不符，显得滑稽可笑）。

同美国的情形一样，战争结束一两年后英国通俗小说

1 H. E. 贝茨（H. E. Bates, 1905—1974），英国作家。代表作为长篇小说《可爱的五月蓓蕾》。

2 指西班牙内战。

才开始面对战争本身。英国本土小说中最早涉及战争的是内维尔·舒特[1]记录战俘生活的小说《爱丽丝城》[2](1949)。据《史密斯新闻》称，此书“轻而易举地成为该年度最成功的小说”。也许这是因为英国人感觉自己也在遭受囚禁，尽管这也许没有被日本人的军队囚禁那样残酷。

美国的战争畅销小说通常集中描述步兵的经历(如诺曼·梅勒、詹姆斯·琼斯和欧文·肖[3]的作品)，而英国小说的焦点则是皇家海军，这类作品包括尼古拉斯·蒙萨拉特的《沧海无情》(1951)和阿拉斯泰尔·麦克莱恩的《陛下之舰尤利西斯号》(1955)。[4]这些小说不遗余力地突出的是海上冲突毫无魅力可言。C. S. 福雷斯特[5]的“霍恩布洛尔”系列小说[6]以拿破仑战争为时代背景，讲述了一种虽

1 内维尔·舒特(Nevil Shute，1899—1960)，英国通俗奇幻小说家。

2 《爱丽丝城》讲述的是盟军战俘在东南亚遭日本军队残暴虐待的经历。这些战俘中还包括后来成为著名小说批评家的伊恩·瓦特。

3 欧文·肖(Irwin Shaw，1913—1984)，美国剧作家和小说家，主要作品有剧本《埋葬死者》和长篇小说《幼狮》等。

4 尼古拉斯·蒙萨拉特(Nicholas Monsarrat，1910—1979)，英国小说家；阿拉斯泰尔·麦克莱恩(Alastair MacLean，1922—1987)，英国小说家，《纳瓦隆大炮》、《血染雪山堡》是其最著名的作品。

5 C. S. 福雷斯特(C. S. Forester，1899—1966)，英国小说家，新闻记者，尤以表现英国海军生活的历史小说闻名，作品《非洲皇后》等曾被改编成电影。

6 以霍雷肖·霍恩布洛尔为主人公，共包括12部小说。

然年代稍远但同样充满爱国情怀的海上生活。小说主人公霍雷肖在 1937 年是海军候补少尉，到 40 年代末，他已成为海军上尉，到后来他还会升为海军上将霍恩布洛尔，吸引上百万读者阅读他的故事。

50 年代：公费救济小说

詹姆斯·邦德是在 1953 年出版的《皇家赌场》中首次登场，为英国读者所知晓。在加入英国谍报机关前，邦德已是一位高级军官。在准备创作 007 系列惊悚小说的过程中，伊恩·弗莱明认真研究了萨珀、巴肯、切尼和埃德加·华莱士等大师的作品。在他的叙述里可以发现，所有这些作家的作品片段都浮现其间。不过，《皇家赌场》的第一句话描述的倒不太像俱乐部区，而更像纯粹的势力小人区："凌晨 3 点，赌场里的香气、香味和汗味令人作呕。"在那个年代，英国广播公司电视台（唯一可供选择的频道）每天晚上 10 点以《上帝保佑女王》音乐和好力克饮料画面结束节目。要想记起凌晨 3 点的生活情景，大多数公民还得将记忆推回到战争年代和灯火管制时期，而邦德会让这种情况不再发生。

肯尼迪总统曾经称他爱读弗莱明的作品（他可能企图以此区别于他那位喜爱赞恩·格雷的前任艾森豪威尔），邦德系列因此名声大振。首部邦德电影于1962年面世，一个圆球自此滚动起来，而且似乎再难停止，尽管英国现在仍有恶臭熏天、凌晨3点还在营业的超级赌场。

1954年12月是英国畅销小说发展史上一个颇具预示性意义的时间点。奥威尔的反乌托邦小说《一九八四》已在1949年出版，反响不温不火，5年之后，英国广播公司采用奈杰尔·尼尔[1]的改编剧本制作的电视剧产生了巨大轰动。据报道，该“恐怖剧”在叙述效果上饱含冲击力，一些心理脆弱的观众在看到101室里老鼠撕咬犯人的惨状后竟然因过度惊吓致死。[2]奥威尔的小说在社会上引发的抗议浪潮(包括议会质询)也造就了这部作品的名噪一时。尽管这部小说包含“恐怖”成分，因其有益公民教育，最终还是进入学校课堂。在其后几十年里，《一九八四》的

1 奈杰尔·尼尔（Nigel Kneale，1922—2006），英国作家，曾供职于英国BBC电视台，担任电视编剧。

2 101室是小说《一九八四》中描写的一间刑讯室。在这里，受刑者会遭老鼠撕咬。

销量甚至超过了“邦德”小说。

已经寿终正寝的畅销小说，时而会被重新发掘出来，并因电视改编而获得重生。高尔斯华绥写于20世纪20年代的《福尔赛世家》以一种更为形象的方式演示了这一重生过程。这部书于1967年被拍成电视连续剧，在每周日晚上播出，播出的时候整个国家几乎无法正常运转（为了让会众观看该剧，教堂的活动也被迫推迟）。到1970年，九卷巨作“福尔赛世家”重印本已经售出100多万册（令这位小说家的遗产继承人欣喜的是，这套书的版权恰好仍在有效期内）。罗伯特·格雷夫斯的《我，克劳狄乌斯》及其续作[1]重现了同样的畅销模式（与高尔斯华绥不同的是，格雷夫斯此时尚健在，还能从中获益）。

英国战后的福利制度所惠甚广，其中包括向民众提供消遣小说。在20世纪40年代和50年代，人们主要是从公共图书馆获取新出版的精装本小说，人们将这样获得的小说称作“公费救济小说”。1959年的《罗伯茨法案》更进一步确立了这一做法。该法案为在全国建立起一个“全

1 罗伯特·格雷夫斯（Robert Graves，1895—1985），英国小说家、诗人。他的《我，克劳狄乌斯》及其续作以古罗马为历史背景，1976年由英国广播公司拍成电视连续剧后轰动一时。

面和高效”的图书馆服务系统提供了法律保证。这一制度对于社会的影响犹如一个世纪前的缪迪流通图书馆，通俗小说市场也因此开始从购买为主向租借为主转变。

公共图书馆系统虽然可以提供丰富的读物（标准借书量是每两周 6 本）供人们选择，但也使读者的选择出现惰性。因为有获得大量新小说之便，读者往往会忠诚于某些作家。他们会从图书馆借出或“预订”克里斯蒂、福雷斯特、梅佐·德·拉·罗奇、阿拉斯泰尔·麦克莱恩或哈蒙德·英尼斯的新书，[1] 原因非他，只因他们喜爱这些作家以前发表的作品。作家们则以新书相报，大约每年出一部，每部与前一部大同小异。在这个体制下，几乎没有现在所说的 P2P（即 producer to purchaser：生产者对消费者）的广告压力。这也是英美两大系统之间的重大区别。在美国，广告中的一大块以购买图书的消费者为对象受众，而在英国，广告投放主要局限于行业期刊，出版商是要努力说服零售商和图书管理员该进什么书入库或上架。

温馨随意的作品风格甚至影响到最难驾驭的小说类

1 梅佐·德·拉·罗奇（Mazo de la Roche，1879—1961），加拿大女小说家；哈蒙德·英尼斯（Hammond Innes，1913—1998），英国小说家。

型——科幻小说。约翰·温德姆[1]凭借他在小说中创造的“温馨的灾难”（这一机智评价来自同为科幻作家的布莱恩·奥尔迪斯[2]）取得了众所瞩目的巨大成功。在《三裂草的日子》（1951）故事的开篇，大批英国人因一颗神秘的闪光卫星而致盲。这颗卫星可能来自俄国，也可能是美国。然而祸不单行，全国上下紧接着因为一种英国特有的灾难——形体巨大、经过基因改造的甜菜而惊骇失措。

在温德姆的《海妖醒来》（1953）中，斯塔克普尔《蓝色珊瑚礁》里描写的巨型乌贼被放大了一千倍，它从深海冒出，来完成希特勒所开创的事业。一般而言，按照温德姆的情节设计，最后存活下来的幸福家庭都会变得更加坚强和幸福。他的小说之于科幻题材，如同布雷德伯里在美国之所为：他使科幻小说摆脱了类型小说的局限。科幻小说迷们有点儿鄙视温德姆，原因是非科幻小说迷也喜爱他。J. G. 巴拉德[3]那些极不温馨的灾难幻想小说——如《沉没的世界》（1962）——虽然被这一题材的鉴赏家们视

1 约翰·温德姆（John Wyndham，1903—1969），英国科幻小说家。
2 布莱恩·奥尔迪斯（Brian Aldiss，1925—），英国科幻小说家。
3 J. G. 巴拉德（J. G. Ballard，1930—2009），英国作家，新浪潮科幻小说创作的代表人物，代表作包括《太阳帝国》、《撞车》等。

作科幻小说中的上品，却不太符合大众的口味。令人叹惜的是，当今的生态与气候事件证明，巴拉德的这些作品要比温德姆的小说更具预见性。

愤怒的青年

由于50年代早期和中期“愤怒的青年”群体的闯入，原有的那种温馨和谐的文化氛围以及更为深层的文化遵从意识（战时集体主义的残留物）开始受到挑战。愤青们的作品或冷嘲热讽，如金斯利·艾米斯那部开潮流之先的校园小说《幸运的吉姆》[1]（1954），或牢骚满腹、义愤填膺，如约翰·布莱恩的《向上爬》[2]（1957年出版，首个星期即售出5,000册，令人惊叹）。这一运动具有一种蔑视一切的“顽强与叛逆”，但并未形成任何清晰的政治立场。阿瑟·西顿是艾伦·西利托[3]的小说《周日晚与周日晨》（1958）中的工人阶级主人公，他所说的一句话

1 金斯利·艾米斯（Kinsley Amis，1922—1995），英国作家和诗人，《幸运的吉姆》是其代表作。

2 约翰·布莱恩（John Braine，1922—1986），英国小说家，《向上爬》是其最著名的作品。

3 艾伦·西利托（Alan Sillitoe，1928—2010），英国小说家。

颇能概括这一激愤情绪：“我会有麻烦，每天斗争，直到我死”。

与“愤怒的青年”运动遥相呼应的是美国的“垮掉的一代”运动。二者的区别在于，美国的愤怒者往往会半途而废，而不能反叛到底，杰克·凯鲁亚克的《在路上》（1957）就是个例证。基思·沃特豪斯[1]的《说谎者比利》（1959年出版；1963年的电影和1970年的电视系列剧对其起了推销作用）末尾有一幕很能说明问题。此时主人公几乎已经鼓起勇气打算离开他所在的北方偏远小镇，南下去“烟城”[2]闯荡，但最后一刻他胆怯了。这种怯懦颇耐人寻味，萨尔·帕拉迪斯[3]不可能为这种怯懦压垮，阿瑟·西顿最后安顿下来，结了婚，而乔·兰普顿[4]靠出卖灵魂换取了保守俱乐部的会员资格和美洲虎跑车。愤怒最终仅是一阵发作，并未带来任何有效的反抗或打破任何常规。但愤怒却能让书卖出去，吸引年轻读者。

---

1 基思·沃特豪斯（Keith Waterhouse，1929—2009），英国小说家、报纸专栏作家和电视编剧。

2 即伦敦。当时空气污染严重，整日烟雾弥漫，故有此称。

3 萨尔·帕拉迪斯是《在路上》中的主人公。

4 乔·兰普顿是《向上爬》中的主人公。

特殊关系

在随后几十年中，有几个因素拉近了英美两国读者在通俗小说阅读方面的嗜好。一个基础性的因素是，将全球分割成几个国际版权垄断区域的“传统市场协议”逐渐解体，最终难免取缔之命运。这个协议实际上使英国出版业在一些较大的英语地区拥有优惠待遇。而随着“传统市场协议”的消失，美国图书开始在全球范围内拥有更多市场，并开始大量输出到英国。

第二个因素是 20 世纪 60 年代（在“查特莱夫人”取得突破之后）的“纸皮书革命”，它使大量从美国进口的图书进入英国市场。

第三个因素是英美出版业呈现“集中化”趋势，最终形成规模更大的、跨国性质的出版集团。这一趋势导致了一系列企业合并与结盟，目前英国最大的出版公司（姑且如此称之）哈珀 – 柯林斯的成立就是这一趋势的标志。在地理概念上，“哈珀 – 柯林斯”这个名称同“伦敦 – 纽约”一样，似乎得了精神分裂症。

第四个因素——也是具有最终决定作用的因素——是

20 世纪 70 年代中期英国图书零售业畅销小说排行榜制度的建立，这一制度是在受到几十年的抵制排斥之后建立起来的。此时的英国人正在日渐世界化：人们可以自由旅行，也终于没有了“货币管制”；另一方面，进口的美国电视和电影已经渗透到英国文化之中。在这两种因素的共同作用下，全球两大主要英语区市场在通俗小说消费方面开始呈现出多元混杂、大西洋两岸双向趋同的景象。

然而，如同大多数情况一样，其中一方一定会逐渐占据主导地位。19 世纪 80 年代，美国最初的畅销书排行榜主要由英国进口小说占据。到了 2000 年，尽管罗琳或 J. R. R. 托尔金（托尔金的畅销小说作家生涯在他去世之后才在美国开始，当时正是嬉皮士文化盛行的 20 世纪 60 年代）等小说家在美国如日中天，但美国的每周排行榜上英国小说时常踪影难觅，而美国小说倒经常在英国排行榜上抛头露面。

在这几十年间，英国畅销小说的总趋势是泛美国化[1]。新世纪到来之际，斯蒂芬·金等畅销小说家前往英国就同

1 大众文化本身常被称为美国化的文化，因为大众文化涉及的技术和市场化过程均由美国牵头发展而来。同时，大众文化本身也代表文化的民主化，与英国人马修·阿诺德的精英主义思想互相对立。

去趟加利福尼亚一样习以为常。但英国仍然保持了在其出版强项上的畅销优势，其中之一是有动作打斗场面点缀其间的间谍或反间谍小说。约翰·勒卡雷的反邦德小说《冷战谍魂》(1936)使其一举成为走红于两大图书市场的畅销书作家;《伊普克雷斯档案》对作者莱恩·戴顿[1]来说也是同样的情形。肯·福莱特的《针眼》(1978年出版，一个德国间谍能否把“霸王行动”登录计划[2]偷偷送给他的主子们?)和杰克·希金斯的《鹰从天降》(1974年出版;讲述德国计划通过突袭绑架丘吉尔)从美国的纸皮本市场上获得巨额附带版税，在大西洋两岸均业绩辉煌，而《豺狼的日子》(1971年出版;讲述针对戴高乐的暗杀计划)使弗雷德里克·福赛斯成为又一个美国人喜爱的(英国)惊悚小说作家。以上小说均被改编拍成了大制作影片，除一部以外均由好莱坞拍摄。

英国堪以称雄的另一畅销小说领域是儿童文学(成年人也是其目标读者群)，作者包括罗阿尔德·达尔、理查德·亚当斯(著有《沃特希普草丘》，1973年出版)、特

1 莱恩·戴顿(Len Deighton，1929—)，英国小说家、历史学家。
2 指二战期间盟军在诺曼底登陆的计划。

里·普拉切特、菲利普·普尔曼、苏·汤森[1]和J. K. 罗琳。

英国的“高品质小说”作家在美国也同样大受欢迎，而有些时候某些作家在家乡甚至还名不见经传。他们中间有约翰·福尔斯（著有《魔法师》、《法国中尉的女人》和《丹尼尔·马丁》等）、D. M. 托马斯（著有《白色旅馆》）和A. S. 拜厄特（著有《占有》）[2]。

人们常常发现，小说中的英国式古怪与电视喜剧一样，同样适合美国人的口味，这其中比较突出的有道格拉斯·亚当斯的《银河系漫游指南》（1978）[3]、乔治·麦克唐纳·弗雷泽那套机智博学、颠倒维多利亚时代价值观的“弗莱希曼”系列小说（1969—）[4]以及包括尼克·霍恩

---

1 罗阿尔德·达尔（Roald Dahl，1916—1990），英国小说家和编剧；理查德·亚当斯（Richard Adams，1920—），英国小说家，创作的以动物为主人公的小说最为著名；苏·汤森（Sue Townsend，1946—2014），英国女小说家。

2 D. M. 托马斯（D. M. Thomas，1935—），英国小说家、诗人和翻译家；A. S. 拜厄特（A. S. Byatt，1936—），英国女小说家、诗人，代表作《占有》曾获英国布克小说奖。

3 道格拉斯·亚当斯（Douglas Adams，1952—2001），英国喜剧科幻作家、广播剧作家和音乐家，他的科幻作品代表作《银河系漫游指南》最初以广播剧形式面世。后来又发展成小说，拍成电视连续剧和电影，都获得了极大成功。

4 乔治·麦克唐纳·弗雷泽（George MacDonald Fraser，1925—2008），英国历史小说家，他创作的“弗莱希曼”系列小说共有12部，主人公是个维多利亚时代的恶棍士兵哈里·弗莱希曼。该系列小说的第一部出版于1969年。

比的《高保真》(1995 年出版，2000 年被拍成一部成功的美国电影)[1] 在内的《小人物日记》[2] 的新时代版本。在霍恩比的小说里，主人公罗布·戈登沉迷于编制每周音乐排行榜，作者似乎在通过这一人物讽刺畅销小说排行榜。

在新世纪到来之际，英美两国最为成功的类型小说作家是伊恩·兰金，他的畅销作品是以爱丁堡为故事背景的“雷布思”警察疑案小说。[3] 兰金一度占有英国所有大众通俗小说 10% 的市场份额。兰金的模式极为成功，可以追溯到约翰·克里西那套 20 多部的“苏格兰场的吉迪恩”系列小说。该套颇具创新性的系列小说以克里西的众多笔名之一 J. J. 马里克发表，从 50 年代中期（《吉迪恩之日》，1955 ）开始一直创作到 70 年代中期。与雷布思一样，乔治·基登厌弃人生，道德疲倦，但他仍是城市穷街陋巷里的斗士：用约瑟夫·温鲍 [4]（与兰金相似，创作了以洛杉矶

1 尼克·霍恩比（Nick Hornby，1957—），英国小说家和散文家。《高保真》又译作《失恋排行榜》，是他的第一部长篇小说。

2 《小人物日记》是乔治·格罗史密斯（George Grossmith，1847—1912）写于 19 世纪晚期的一部喜剧小说，由其弟威登·格罗史密斯（Weedon Grossmith，1854—1919）配插图，是经典的幽默之作。

3 伊恩·兰金（Ian Rankin，1960—），英国犯罪小说家，“雷布思”警察疑案小说指的是以探长雷布思为主人公的系列小说。

4 约瑟夫·温鲍（Joseph Wambaugh，1937—），美国小说家，他早年的警察生涯为其创作警察疑案小说提供了丰富素材。

为背景的系列警察疑案小说）的话说，他拥有“一条细细的蓝线”[1]。

英国通俗小说：现代规律

20 世纪 60 年代以后，英国畅销小说市场可谓是无所不包，这些作品风格多样，包括各种文学层次，目标读者老少皆有，作者背景涵盖国内国外。从 W. H. 史密斯书店 1960—1965 年间的畅销小说记录中，即可窥豹一斑：

1960

《克利》，劳伦斯·达雷尔[2]

《佩顿镇》，格雷丝·梅塔利尔

《豹》，朱塞佩·迪·兰佩杜萨

《最高机密》，伊恩·弗莱明

1961

1 “细细的蓝线”一语出自 1988 年的美国纪录片《细细的蓝线》中检察官的法庭控诉词。这名检察官称警察是将社会与无政府状态隔开的那条“细细的蓝线”。

2 劳伦斯·达雷尔（Laurence Durrell，1912—1990），英国小说家、诗人。《克利》是他的名作《亚历山大四部曲》（The Alexandria Quartet）的最后一部。

《一个自行发完病毒的病例》，格雷厄姆·格林

《查普曼报告》，欧文·华莱士[1]

《砍下的头颅》，艾丽丝·默多克[2]

《白马酒店》，阿加莎·克里斯蒂

1962

《向上爬》，约翰·布莱恩

《吃南瓜的人》，佩内洛普·莫蒂默[3]

《热血青年霍克》，赫尔曼·沃克

《海里来的公牛》，玛丽·雷诺特[4]

《宿命》，迪克·弗朗西斯[5]

1963

《冒险家》，哈罗德·罗宾斯

《女王密使》，伊恩·弗莱明

1 欧文·华莱士（Irving Wallace，1916—1990），美国通俗小说家，《查普曼报告》（又译作《洛杉矶的女人们》）是他的著名色情暴露小说。

2 艾丽丝·默多克（Iris Murdoch，1919—1999），英国女小说家和哲学家。

3 佩内洛普·莫蒂默（Penelope Mortimer，1918—1999），英国女小说家、新闻记者。

4 玛丽·雷诺特（Mary Renault，1905—1983），英国出生的南非小说家。

5 迪克·弗朗西斯（Dick Francis，1920—2010），英国小说家，早年是一位成绩卓著的赛马骑师，后因伤退休，以描写赛马故事的惊悚神秘小说闻名。

《渔人鞋》，莫里斯·韦斯特[1]

《那一群人》，玛丽·麦卡锡[2]

1964

《冷战谍魂》，约翰·勒卡雷

《狂暴的魔术》，玛丽·斯图尔特[3]

《你只活两次》[4]，伊恩·弗莱明

1965

《权力走廊》，C. P. 斯诺[5]

《金枪人》，伊恩·弗莱明

《铁蹄少壮魂》，约翰·勒卡雷

《美国梦》，诺曼·梅勒

以上列举的书目如一包钉子[6]一般，毫无头绪，但其

1 莫里斯·韦斯特（Morris West，1916—1999），澳大利亚小说家和剧作家。《渔人鞋》（又译作《风云英杰》）是其代表作。

2 玛丽·麦卡锡（Mary McCarthy，1912—1989），美国女小说家、评论家。

3 玛丽·斯图尔特（Mary Stewart，1916—2014），英国女小说家，主要创作历史奇幻小说。

4 又译作《雷霆谷》，是弗莱明生前出版的最后一部007系列小说。

5 C. P. 斯诺（C. P. Snow，1905—1980），英国小说家和物理学家，主要著作有《陌生人和弟兄们》系列长篇小说，《权力走廊》即为该系列中的一部。

6 原文a bag of nails是英语中的一句谚语。一包钉子指向各不相同，因此有杂乱无章的意思。

中始终有一条反映中产阶级（有人还会猜测是中年）趣味的坚实脉落贯穿其中(如格林、克里斯蒂、雷诺特、斯诺、斯图尔特和弗朗西斯的作品），并且还透射出一种虽相对较弱但令人刮目相看的高雅格调（如格林和兰佩杜萨）。看起来，在60年代这一节点上，畅销小说缺少的是青年读者的广泛介入——此时的小说就像10年前的流行音乐：被夹在两代人中间。

英美两国的排行榜在任何时候——即使在新的千年到来许久之后——都十分相似，并且日益接近，但两者从未完全一致。如果平行比较上世纪最后5年的排行榜，我们会发现这些榜单上的畅销书目始终呈现出一种纷繁多样的结构。以下排行榜出自同一来源，即W. H. 史密斯书店的年度畅销小说销售汇总：

1996

《热情》，吉利·库珀[1]

《夜课》，梅芙·宾奇[2]

1 吉利·库珀（Jilly Cooper，1937—），英国女小说家。
2 梅芙·宾奇（Maeve Binchy，1940—2012），爱尔兰女小说家、新闻记者。

《全力以赴》，迪克·弗朗西斯

《圣猪老爹》，特里·普拉切特

1997

《好战分子》，特里·普拉切特

《微物之神》，阿伦德哈蒂·罗伊[1]

《十磅之罚》，迪克·弗朗西斯

《猛禽》，威尔伯·史密斯[2]

1998

《夏洛特·格雷》，塞巴斯蒂安·福克斯[3]

《彩虹六号》，汤姆·克兰西

《塔拉路》，梅芙·宾奇

《起火点》，帕特里夏·康威尔

1999

《汉尼拔》，托马斯·哈里斯

《布丽奇特·琼斯：理智的边缘》，海伦·菲尔丁

---

1 阿伦德哈蒂·罗伊（Arundhati Roy，1961—），印度女作家，《微物之神》是其第一部长篇小说，曾获1997年布克小说奖。

2 威尔伯·史密斯（Wilbur Smith，1933—），南非小说家，以其系列非洲探险小说闻名。

3 塞巴斯蒂安·福克斯（Sebastian Faulks，1953—），英国当代畅销小说家。《夏洛特·格雷》（又译作《乱世有情天》）是他讲述二战时期法国故事的历史传奇小说。

《阿德里安·莫尔：卡普契诺岁月》，苏·汤森

《第五头大象》，特里·普拉切特

2000

《熊与龙》，汤姆·克兰西

《红羽毛》，梅芙·宾奇

《破碎》，迪克·弗朗西斯

《冬至》，罗莎蒙德·皮尔彻[1]

在以上排行榜中，美国作家的轰动性畅销巨作地位显耀（如克兰西、康威尔和哈里斯的作品），不过老书（此时弗朗西斯由骑师转为小说家已将近40年）和爱情故事（如宾奇的作品）同样受人青睐。此外，有几个看似年轻的人物，其影响同样不容忽视，包括海伦·菲尔丁的少女文学公主布丽奇特·琼斯，已过少年（但尚未"成年"）的阿德里安·莫尔，以及普拉切特笔下碟形世界系列小说中无数次出现的角色。阿伦德哈蒂·罗伊那部获布克奖的《微物之神》反映出文学奖项对于小说的销量影响越来越

1 罗莎蒙德·皮尔彻（Rosamunde Pilcher，1924—），英国女浪漫小说家。

大。畅销小说的“被面图案”[1]正在发生变化。

由于近年来的科技进步，人们正在以前所未有的准确度监测、记录和分析 21 世纪头 10 年里的英国畅销小说。2006 年的纸皮本畅销小说排行榜在 2007 年 1 月公布，该榜显示，排名处于前列的小说种类繁多，既包括重量级美国进口小说（如畅销不衰的丹·布朗的作品）、销售势头很不错的爱情故事（如莫斯和希斯洛普的小说），也有——包括玛丽娜·柳薇卡的小说处女作在内——布克奖或其他奖项的获奖或提名作品。

《达·芬奇密码》，丹·布朗：1,019,533

《迷官》，凯特·莫斯[2]：865,402

《岛》，维多利亚·希斯洛普[3]：660,910

《乌克兰拖拉机简史》，玛丽娜·柳薇卡[4]：631,898

《天使与魔鬼》，丹·布朗：589,761

1 “被面图案”指各种颜色拼凑起来的图案，在这里指畅销小说排行榜的组成情况。
2 凯特·莫斯（Kate Mosse，1961—），英国女小说家。
3 维多利亚·希斯洛普（Victoria Hislop），英国女作家。
4 玛丽娜·柳薇卡（Monica Lewycka，1946—），乌克兰裔英国女小说家。

看看这些排行榜以及对这一领域的一般调查就可以发现，通俗小说市场还将继续繁荣兴盛下去，这是明白无疑的。

第六章

畅销小说的未来：有吗？

数字化

数字化已经影响到图书出版的整个流程，这种影响从作者在键盘上敲下的第一击开始，伴随了电脑排版、印刷和库存控制的全过程，一直延续到每小时更新一次排行榜的亚马逊电子书店。在“传统”的店铺式书店，销售终端也配备了监控设备，可以作出把脉式的反馈，随时随地调整改进需求、供应与消费这一销售循环。

我们的书本看上去似乎从来都是卡克斯顿印制的那些东西：白纸黑字，软硬不同的封面。但这些人们早已熟识的东西背后所涉及的方法500年来却已迥然不同。

在这种数字化杂萃中恐怕还得把书迷杂志的活动包括进去。从斯蒂芬·金的官方网站 www.stephenking.com 到

www.readthewest.com（即“西部小说”），如今任何一个畅销作家或一部小说都有授权或非授权的网站——为其文字内容进行广告宣传、鼓动造势或解释说明。

在网上博客空间里，畅销小说所受关注与日俱增，并且充斥着各种各样的评论、流言和天花乱坠的炒作。如今还新涌现出一些网络论坛，其讨论热度有促进小说销售的效应（也可能正好相反）。对某部作品口耳相传的评价，作为零售业最为有效的推销手段，如今在网络传播和数字化技术的驱动下更是力量倍增。

电脑芯片已经改变了传统生产和消费的社会学规律和流转模式。在过去，图书生产与消费的运作都要依赖平面媒体广告、书评、逛书店浏览和公共图书馆等中间环节。

过去 20 年里，电子配送链的出现使图书产品的价格大幅降低，同时，顾客所拥有的可支配收入较之从前也有了大幅增长。畅销小说的总体以及个体销量以不可阻挡之势上升增长，这也是原因之一。

在这些新生事物中，有一种虽出现不久但影响力极大，这就是那些数量巨大的书迷群体的活动，尤其是针对波特系列图书以及普尔曼和托尔金的作品。书迷活动或以传统的评论和讨论形式展开，或以更具探索精神的书迷自创小说（或刻意模仿之作）的方式进行，比如，卡桑德拉·克莱尔[1]的《魔戒私密日记》就是向托尔金的致敬之作。那些无心插柳、七嘴八舌的博客文章使电影《女巫布莱尔》成为轰动之作，但迄今尚未如法“造”出一本畅销小说来。尽管如此，人们还应相信，在不远的将来这会成为现实。

有组织的博客文章（通过www.leftbehind.com和www.raptureready.com等网站）的发表——这本身显示了电子会众的力量——理所当然应被视为蒂姆·莱希和杰里·詹金斯的《末世迷踪》系列能够大获成功的最主要因素。《末世迷踪》是一套改编自《启示录》的系列小说，作者显然有意在耶稣二次降临和大审判之际使其达到销售高潮（来自上天的伟大评论者会对小说作最终评判）。对于《末世迷踪》的大获成功，普通读者的第一反应与布奇·卡西迪一样。当卡西迪和圣丹斯小子被地方治安维持队紧追不舍时，他疑惑不解：“这些人是谁？”他们是从

1　卡桑德拉·克莱尔（Cassandra Claire），美国女小说家。

哪儿来的？[1] 推动《末世迷踪》奇迹的不是读者，即传统意义上的“书迷”，而是新出现的一批电子会众。右翼宗教团体与新通信技术的联姻，改变了美国的政治面貌和DVD影碟的消费习惯（如梅尔·吉布森的《基督受难记》），而同样的结合也在改变着推动通俗小说产业发展的大众的兴趣领域。

与此同时，随着网上（特别是通过亚马逊网站的）销售的发展，网上商家根据顾客偏好为其“提供个性化服务”的能力也与日俱增。这一发展意味着20世纪消费中的“蜂拥而至的抢购”模式可能正在快速、急剧地发生改变。将来不会再有全国性的畅销书，而只有某些以网络相连的读者的“群体偏好”。具体数据将由密切关注这一群体阅读口味的网络零售商负责提供。这是一种乐观的“长尾”理论——反映出人们对于选择机制的认识变得愈加进步和成

1 布奇·卡西迪和圣丹斯小子是电影《布奇·卡西迪与圣丹斯小子》（一译《虎豹小霸王》）中的人物，是两个被通缉追捕的银行抢劫犯。

熟[1]；而这一机制将使"过时"的畅销小说连同其上世纪形成的一整套体制淘汰掉。未来，读者可以不断使自己的阅读趣味更加高雅（或成熟），供应商也能日渐清晰地掌握并越来越好地满足他们的个性需求。

电子畅销书

还有第三种因素会促成这一预期出现的转变，即书本自身的物质形态。在2004年《今日美国》刊登的一篇文章中，作者疑惑不解地问道："谁会去读电子书？"答案是"很少一部分人——**但毕竟是有的**"。这项技术已经有了数额巨大的资金注入——索尼公司的投入最引人注目，该公司率先开发的"电子书"已于2005年上市。

在这一新技术的早期发展阶段，存在的一个主要问题是各品牌的产品缺乏一揽子的通用标准，混乱无序：

1 长尾理论是网络时代兴起的一种新理论，由美国人克里斯·安德森提出。该理论认为，由于成本和效率的原因，过去人们只能关注重要的人或重要的事，如果用正态分布曲线来描绘这些人或事，人们只能关注曲线的"头部"，而将处于曲线"尾部"、需要更多的精力和成本才能关注到的大多数人或事忽略。而在网络时代，由于关注的成本大大降低，人们有可能以很低的成本关注正态分布曲线的"尾部"，关注"尾部"产生的总体效益甚至会超过"头部"。本注来自百度百科 http://baike.baidu.com/view/327983.html（2008年7月12日摘录）。

Adobe、Microsoft、Mobipocket和Palm这些品牌有的是执行多格式（开放）标准，有的是采用“安全”（经过加密、不可复制）版本。另一个问题是出版商过于谨小慎微，担心数字化的文字会大大方便盗版和私贩行为。谁也不想回到19世纪80年代的美国。

另外还有来自图书零售业界的阻力，这在一定程度上阻滞了电子图书查询技术的变革与创新。如果从网上可以下传电子图书，图书零售商则完全可以被绕开。对消费者来说，阅读像素化的文字有伤眼睛，十分不便，这也抑制了他们的消费需求。尽管有这些抑制因素存在，到2006年为止，电子商家还是能够放心宣布，电子图书销售量正以每年40%的速度递增。

谁在买电子书呢？我们会不假思索地回答说，肯定是使用iPod的一代人——那些从上托儿所时就开始玩电子玩具的年轻读者，而且大多数是男性，因为男人喜爱新技术。

那么年轻的奇客先生[1]到底会看什么书？当然是科幻小说。当下，科幻小说的确拥有一批电子阅读常客（去

1 原文为Mr Geek，指爱好新技术、花费大量时间在电脑网络上的人。

www.baen.com/library 可以查看免费的电子科幻小说资料库）。但电子小说真正的增长点不在这里。哈勒奎图书公司的一位经理人马莱·瓦利克在 2006 年夏天的《美国爱情小说作家通讯》中写道：

现在有一种说法，似乎电子图书的读者是喜欢技术、酷爱电子玩意儿的人。但一个典型的电子图书读者更可能是急于满足其阅读欲望的嗜读之人；她喜欢立即下传欲读之书，并希望能随身携带多部小说…… 令人振奋的消息是，爱情小说是目前电子图书市场上增长最快的类别。

现在市面上有两大可以获得电子图书及其信息的电子平台："国际电子出版论坛"（www.idpf.org）和"小说专门网"（www.fictionwise.com）。两个网站都编制畅销小说排行榜，其排名也都印证了瓦利克女士所作的分析。在电子图书方面，女性似乎占据着主导地位。这是一个古老的故事：在 18 世纪，是女性读者创造了小说兴起的基础。[1]

---

1 据伊恩·瓦特等学者的研究，18 世纪英国小说的主要读者为中产阶级女性以及上层社会的识字仆佣。

电子小说，特别是电子畅销小说，不仅代表一项新技术——一个优越的传播体系，这种图书更带来一种新的阅读与消费社会学。对于这一阅读和消费模式，排行榜的推动作用不如互联网明显。这一模式还代表一种新的鼓动宣传方式和新的读者群体。

我们有把握预言，人类还会继续读书，阅读之风将蒸蒸日上。对于写在书页（不管是纸质的还是电子的）上的通俗小说，人们的需求将一如既往，永难满足。“畅销小说”在19世纪晚期美国图书业的温室中发育成长，在20世纪渐臻完美。但在全新的电子化体制下，在不远的将来，这个东西可能会像内燃机一样，被扔进历史的垃圾场。